상위 1%로 가는 가장 확실한 길

1%
진짜 공부법

1% 진짜 공부법

초판 1쇄 인쇄 2018년 2월 5일
초판 1쇄 발행 2018년 2월 20일

지은이 김홍석
펴낸이 이기동
편집주간 권기숙
편집기획 김문수 이민영 임미숙
마케팅 유민호 이정호 김철민
주소 서울특별시 성동구 아차산로 7길 15-1 효정빌딩 4층
이메일 previewbooks@naver.com
블로그 http://blog.naver.com/previewbooks

전화 02)3409-4210
팩스 02)3409-4201
등록번호 제206-93-29887호

교열 이민정
편집디자인 디자인86
인쇄 상지사 P&B

ISBN 978-89-97201-37-2 43190

이 도서의 국립중앙도서관 출판예정도서목록(CIP)은 서지정보유통지원시스템 홈페이지(http://seoji.nl.go.kr)와
국가자료공동목록시스템(http://www.nl.go.kr/kolisnet)에서 이용하실 수 있습니다.(CIP제어번호: CIP2018003336)

상위 1%로 가는 가장 확실한 길

1%
진짜 공부법

김홍석 지음

도서
출판 프리뷰

PART 01

목표 바로 세우기
목표가 분명하면 실천력은 저절로 생긴다

PART 02

진짜 공부법 실천하기

한 시간을 해도 하루 공부한 만큼 할 수 있다

상위 1% 공신들의 10계명

1 오늘 공부할 양을 종이에 적는다

2 공부가 저절로 되는 환경을 만든다

3 과목별 핵심 포인트를 파악한다

4 라이벌을 정해놓고 경쟁한다

5 자신에게 맞는 수면시간을 확보한다

6 좋아하는 과목부터 시작한다

7 수업시간에 다른 과목 공부는 하지 않는다

8 최고의 비결은 예습과 복습

9 틀린 문제는 두 번 반복풀기로 정복한다

10 언제 어디서든 틈새공부를 한다

목표가 명확하면
성적은 올릴 수 있다

학생 두 명이 학원 신입생으로 들어왔다. 두 학생 모두 학습 상태가 그리 좋지는 않았다. 고등학교 3학년이지만 중학교와 고등학교 2년 동안 공부를 제대로 하지 않은 것 같았다. 나만의 학습 노하우를 동원해 기본부터 차근차근 수능에 맞춘 학습법으로 지도하기 시작했다. 그렇게 하기 3개월, 놀라운 결과가 나타났다.

한 명은 믿기 힘들 정도로 좋은 시험 결과를 얻었다. 하지만 내가 똑 같이 지도해 주고, 함께 공부한 다른 한 명은 아무런 성과가 없었다. 100점 만점에 20점대. 나의 강사생활 자존심에 금이 갈 정도였다. 도대체 왜! 그렇다고 그 학생의 머리가 특별히 나쁜 것도 아니었다.

이처럼 같은 시간에 같은 양의 공부를 해도 성적이 잘 나오는 학생이 있는가 하면 그렇지 않은 학생이 있다. 성적이 나쁘게 나온 학생이 열심히 공부하지 않은 것도 아니다. 이런 상황을 자주 접하다 보니 내 나름대로 공부법에 대한 고민을 많이 하게 되었다. 나는 수학을 가르치는 강사이지만 모든 일에 효율적인 측면을 많이 강조하는 편이다. 똑같이 노력하는데 도대체 왜 성과에서 그렇게 큰 차이가 날까? 나의 '진짜 공부법'은 이런 호기심에서 탄생했다.

3개월 동안 두 학생과 상담한 내용, 숙제해 온 연습장을 다시 분석하고 차이점을 찾기 위해 노력했다. 두 학생 모두 열심히 공부한 흔적이 연습장에 남아 있었다. 누가 덜하고 더하고의 차이를 거의 찾을 수 없었다. 그런데 상담한 이력을 살펴보며 크게 다른 점이 있다는 사실을 알게 되었다. 마음속에 자리 잡고 있는 꿈의 크기, 평소에 보인 긍정적인 태도와 부정적인 태도, 자신감에서 두 학생이 서로 큰 차이를 보인 것이다.

성적이 크게 오른 학생은 큰 꿈을 품고 있었고, 어떤 절실한 사정으로부터 동기부여를 팍팍 얻었다. 그의 누나가 바로 직전 대학입시에 실패하고 재수를 하고 있었고, 아버지는 암으로 큰 수술을 하고 요양 중이셨다. 고3이 될 때까지 철없이 놀기만 했는데, 뒤늦게나마 열심히 공부해서 대학에 가고 멋지게 성공하겠다는 각오가 되어 있었다. 나의 모습에서도 큰 힘을 얻었다고 했다. 억대 연봉을 버는 학원 강사이면서 인기 작가, 강연가로 계속 변화를 추구하며 꿈을 향해 나아가는 나를 보며 큰 자극을 받는다고 학생은 나와 상담하는 자리에서 말했다. 이런 자극과 동기부여가 꿈을 이루고자 하는 그의 열정을 키웠고, 열정이 실행력을 뒷받침하며 긍정적인 성과로 나타난 것이다.

하지만 성과를 내지 못한 학생은 꿈의 명확함이 부족했고, 부정적인 생각으로 가득 차 있었다. 왜 공부해야 하는지 동기를 찾지 못했고, 그저 남들이 하니 할 수 없이 따라한다는 자세였다. 그러면서 무척 조급해했다. 남들이 몇 년 공부해서 나오는 성적을 단 3개월 만에 내고 싶어 했다. 기대를 크게 하는 것은 좋지만, 작은 꿈들이 차곡차곡 모여서 큰 꿈이 된다는 사실을 간과하면 안 된다. 큰 꿈만 바라보다가 아이의 좌절과 절망감은 커졌다. 그런 부정적인 마음이 말투에서도 느껴졌다.

'왜 이렇게 점수가 안 오르죠?' '나는 공부 머리가 없는 것 같아요.' '열심히 하는데 감이 잡히질 않아요.' 스스로 힘이 되는 말이 아니라, 이처럼 부정적인 생각과 자기는 안 된다는 생각이 너무 컸다. 이런 학생은 어떻게 가르쳐야 할까? 사실 방법은 다 나와 있다. 꿈을 찾고, 그 꿈을 이루기 위한 자극을 받도록 해주는 것이다. 하지만 그게 말처럼 쉬운 일이 아니다.

누구나 공부를 잘하고 싶어 한다. 원하는 성적을 내기 위해 계획을 세우고, 목표를 정하고, 다양한 공부법 책도 읽어보지만 공부한 만큼 좋은 성과를 쉽게 얻지 못한다. 잠을 줄이고, 많은 시간을 투자해 공부하는데도 원하는 결과를 얻지 못한다. 도대체 공부가 무엇이기에 이렇게도 정복하기 어려운가? 왜 노력하는 만큼 성과가 쉽게 나타나지 않을까?

공부법에 대한 책은 많이 나와 있지만, 정작 학생들이 중요하다고 생각하는 문제에 대해 속 시원한 대답을 알려주지 못한다. 공부하는 스킬이 중요한 게 아니라, 먼저 자신의 의식을 스스로 바꾸는 노력이 중요하다. 그동안 공부가 하기 싫고, 공부해도 성적이 나오지 않았다면 먼저 자신의 생각부터 바꾸도록 해야 한다. '왜 공부해야 하는가?'가 아니라 '나는 무엇을 하고 싶은가?'

'나는 무엇을 원하는가?' '나의 꿈은 무엇인가?'를 찾는 노력이 선행되어야 한다. 그런 다음에야 그에 맞는 계획과 전략을 세울 수 있다.

대부분의 공부법 서적이나 선생님들은 이 순서를 따르지 않고, 막연히 자신의 꿈을 위해 공부하라고 하고, 구체적인 목표를 정하라고 한다. 그러나 학생과 학부모들이 원하는 것은 그 '꿈'을 찾는 방법이다. 꿈을 찾을 수 없으니 목표를 정하지 못하고, 목표를 정하지 못하니 무엇을 시각화해야 할지 막막하다. 자신에게 맞는 전략이 있을 수도 없다.

한 가지 예를 들어 보자. 어떤 공부법 책에 목표를 적어 잘 보이는 곳에 붙여놓으라고 권하는 내용이 있다. 그 말대로 '나는 전교 1등을 할 것이다.'라는 목표를 적어서 책상 위에 붙여 놓았지만 기대한 만큼 성적이 오르지 않는다. 붙여 놓은 목표를 바라보면 짜증만 나고 공부는 더 하기 싫어진다. 공부법 책에 쓰인 대로 했는데 도대체 무엇이 문제인지 알 수가 없다. 이유는 간단하다.

등산을 가고 싶은 마음이 생겨야 등산 갈 준비를 하지 않는가. 산에 가고 싶은 마음이 없는 사람에게 '등산 잘하는 법' '포기하지 않고 정상에 도달하는 법'을 알려준들 무슨 소용이 있겠는가. 무엇인가를 원하는 열망, 꼭 해내고야 말겠다는 꿈이 있는 사람은 저절로 움직이고 성과를 낸다. 공부도 마찬가지이다. 공부할 마음이 없고, 왜 공부해야 하는지도 모르는 학생에게 '공부 잘하는 법' '1등 공부 비법'을 아무리 들려주어도 그 학생은 공부를 열심히 하지 않을 것이다.

진정한 꿈은 자신의 마음 안에 내재되어 있다. 자신이 진정으로 '하고 싶은 것' '되고 싶은 것' '원하는 것'을 목표로 정해야 한다. 진정성 있는 목표가 있어야 마음이 움직이고, 몸이 움직이고 뇌가 움직인다. 그리고 비로소 성과가 나타나고 멋진 결과가 현실로 나타난다.

성과가 빨리 나타나지 않는다고 조급해하면 안 된다. 수능시험으로 모든 것이 결정된다고 억울해하거나 투정하지도 말아야 한다. 4년을 기다리며 매일 힘든 훈련을 하는 올림픽 국가대표 선수를 보자. 육상 100미터 선수는 4년의 노력이 딱 10초 이내에 모두 결정된다. 직장생활은 매일매일이 전쟁이고 시험이다. 매 순간 중요한 판단과 결정을 해야 하는 상황이 펼쳐진다. 나는 삼성전자에서 일할 때 사소한 문제를 무시했다 회사에 큰 피해를

입힌 적도 있다. 이런 일은 허다하게 발생한다.

　자, 이제부터 진짜 공부하는 방법을 찾아 길을 떠나자. 지금까지 알던 공부법으로 성과가 제대로 나타나지 않았다면 그 방법은 과감히 버리자. 진짜 공부법은 진짜 자신을 찾아가는 여정에서 시작된다. 진짜 자신을 찾는 과정을 통해 진정한 꿈과 목표를 만나게 될 것이다. 그리고 다양한 방법으로 꿈을 실현해 나가는 멋진 여행을 하자. 당장 넘어야 할 높은 산인 수능시험은 물론이고, 다른 여러 시험과 다양한 과정에서 여러분이 원하는 결과를 모두 얻을 수 있을 것이다.

　성공은 멀리 있는 것이 아니라 우리들 각자의 가슴 속에 있다. 그런 믿음을 가지고 공부해 나간다면 꿈은 이루어질 것이다.

김홍석

📖 PART 01

자기 운명은 자기가 지배하라. 안 그러면 남이 지배한다.
Control your destiny or someone else will.

잭 웰치 Jack Welch
제너럴 일렉트릭스(GE) 회장 겸 최고경영자(CEO)

목표
바로 세우기

목표가 분명하면
실천력은 저절로 생긴다

Chapter

01

목표부터
명확하게 세운다

📑1 꿈을 종이에 적는다

고등학교 때도 가끔씩 일기를 썼다. 초등학교 시절에 선생님으로부터 검사 받기 위해 쓰던 일기와는 성격이 다르다. 고등학교 때 일기를 쓰면서 나는 마음을 다잡고 공부하겠다는 의지와 각오를 새겼다. 누구에게나 입시생활은 힘들다. 나는 힘든 가운데서도 즐거움과 열정을 놓치지 않기 위해 노력했다. 힘들고 시험기간이 닥칠 때, 공부가 손에 잡히지 않을 때는 일기장을 펴고 나의 꿈을 적기 시작했다.

특히 시험기간에는 더 열정적으로 일기를 적었다.

"기어이 하고야 만다. 홍석아, 이 정도로 포기하면 안 되잖아."

"할 수 있다. 공부한 만큼 성적을 올리고, 원하는 대학에 간다."

"절망하지 말자. 좌절하지 말자. 더 멋진 희망이 기다리고 있다. 조금만 참으면 멋진 미래, 멋진 대학생활이 펼쳐질 거야."

힘들수록 더 열심히 일기를 썼다. 나를 격려하고 다그치는 내용으로 가득 채우고, 마지막에는 꿈과 목표를 적었다. 내가 꿈꾸는 목표인 좋은 성적과 멋진 대학생활을 적었다. 그렇게 하고 나면 긴장이 풀리고, 마음이 평온해지며 공부에 대한 의욕이 강해지는 것을 느꼈다.

실제로 일기를 쓴 다음에는 바로 잠자리에 들지 않고, 수학 문제를 하나라도 더 풀고, 영어 공부를 조금이라도 더 하고 잤다. 힘이 나고 의지가 되살아나서 그냥 잘 수가 없었다. 아무리 피곤해도 '공부 좀 더 하고 자자.'라는 소리가 귀에 들렸다. 그 소리에 절로 몸이 움직이고 공부를 더 하게 되었다. 그렇게 조금이라도 더 하고 누우면 엄청 뿌듯한 마음으로 잠이 든다. 아침에 일어나도 상쾌하고 등교하는 시간이 즐거웠다.

꿈을 적으며 나타나는 결단력과 행동력은 이후 사회생활을 하면서도 많이 경험했다. 대학 졸업하고 곧바로 삼성전자에 입사했다. 그러나 5년 만에 회사를 그만두고 학원 강사가 되었다. 사람들은 '어떻게 삼성에서 그만둘 결심을 했느냐?'고 궁금해한다. 지금도 옛 동료들은 나를 만나면 '어떻게 해서 퇴사할 생각을 하고, 그 결정을 행동으로 옮길 수 있었느냐?'고 묻는다.

누구나 들어가고 싶어 하는 한국 최고의 기업인 삼성을 떠나기로 결심하기란 쉬운 일이 아니었다. 월급도 많고 정기적으로 나오는 보너스는 엄청났다. 하지만 나는 열정을 쏟고 많은 성취감을 얻을 수 있는 일을 하고 싶었다. 대기업의 업무 시스템은 내가 원하는 바를 채워 주지 못했다. 그래서 그만두기로 한 것이다. 하지만 회사를 그만두기로 결심한다고 해도 그 결정을 행동으로 옮기는 데는 시간이 걸리고 많은 용기가 필요했다.

그러다 성공한 사람들은 성공을 위해 제일 먼저 자신의 꿈과 목표를 종이에 적어놓고 매일 소리 내어 읽는다는 내용을 어느 책에서 보았다. 나는 그것을 바로 실천에 옮겼다. 회사에 출근할 때 나의 꿈을 적은 메모지를 바지 주머니에 넣고 나갔다. 그리고 틈날 때마다 쪽지를 꺼내 소리 내어 읽었다. 그렇게 하기 4개월, 나는 정말 다니던 회사를 그만두고 학원 강사가 되었다. 이렇게 반문하는 사람이 있을 것이다. 종이에 적는다고 꿈이 다 이루진 다면 세상에 꿈을 못 이루는 사람이 어디 있겠느냐고.

물론 종이에 적는다고 꿈이 다 이루어지는 것은 아니다. 하지만 무슨 일이든 시작이 있어야 과정과 끝이 있다. 그리고 그 중에서 '시작'을 하기가 가장 어렵고 더디다. 시작이 반드시 웅대할 필요는 없다. 그리고 큰돈이 드는 것도, 많은 준비가 필요한 것도 아니다. 그냥 시작하면 되는데, 시작하기 가장 쉬운 방법이 바로 꿈을 종이에 적는 것이다.

꿈을 매일 종이에 적으면 그 목표는 나의 눈과 손, 의식에 각인 된다. 그리고 꿈을 적는 메모지를 몸에 지니고 다니면서 꺼내 보 면 늘 그 꿈에 대해 생각하게 되고, 기대와 설렘을 지속시킬 수 있다. 이런 과정이 반복되면 어느 순간 나의 생각과 행동이 모두 꿈을 향해 움직이게 된다. 그리고 행동할 용기가 생긴다.

삼성을 그만둔다는 것이 처음에는 단순한 바람이었지만, 회사를 그만두고 나의 꿈을 위해 살겠다는 꿈을 메모지에 적으면서 나의 마음과 의식이 차츰 나를 변화시키기 시작했다. 그리고 그 꿈을 이루기 위해 실제로 사표를 내고, 학원 강사가 될 준비를 시작했다. 작은 바람으로 시작한 일이 작은 실천을 반복하면서 현실이 된 것이다.

나는 고등학교 2학년 2학기 중간고사 기간 6일 가운데 4일을 시험을 보지 않았다. 우리 교육제도에 반항심이 생겨 시험기간에 가출했기 때문이다. 극심한 사춘기 증상이었다. 그래서 내신성적이 정말 좋지 않았다. 그런 상황에서 고3이 되었고, 대학에는 꼭 가고 싶었다. 멋진 대학생활도 하고, 미팅이며 엠티도 가고 싶고, 다양한 경험을 하며 많은 사람을 만나고 싶었다. 고등학교 졸업하고 곧바로 취업하는 것보다는 대학생활을 통해 더 즐겁게 내가 원하는 바를 이룰 수 있을 것이라고 믿었다.

상황이 좋지 않았지만 그래도 꿈을 접을 필요는 없었다. 왜냐하면 아직 10개월이라는 시간이 내게 남아 있었기 때문이다. 목표를 적어 책상에 붙여 놓았다. 그때는 꿈을 메모지에 적어서 들고 다니며 읽는다는 생각은 미처 하지 못했다. 대신 힘들거나 열정이 식으려고 할 때마다 일기를 써내려 갔다. 일기에 나의 꿈과 목표를 적고 나면 어느새 열정이 재충전되는 기분을 느낄 수 있었다. 그리고 다시 달렸다.

그때 꿈을 향해 내가 공부한 다양한 방법을 이 책에 구체적으로 설명해 놓았다. 공부법을 사전에 철저히 계획하고 실천한 것은 아니다. 단지 열정이 이끄는 대로 최대한 내게 맞는 방법으로 하다 보니 최적의 공부법을 찾을 수 있었고, 원하는 결과를 얻었다. 꿈을 종이에 적고, 그 꿈을 지속적으로 뇌리에 각인시키면 꿈은 이루어진다. 물론 가만히 있는데 원하는 결과가 저절로 나타나는 것은 아니다.

꿈과 목표를 생각하고 그것이 이루어지리라는 확신을 갖는 게 중요하다. 미국의 유명 코미디 배우 짐 캐리Jim Carrey는 아버지의 실직과 죽음으로 학교를 중퇴하고 극심한 생활고에 시달렸다. 배우가 되고자 할리우드로 갔지만 늘 단역만 맡아 힘겨운 생활을 이어갔다. 그러던 어느 날 편의점에서 판매하는 수표첩을 사서는 백지수표에 '5년 뒤 나에게 1000만 달러를 선물로 준다.'라는 목표를 적었다. 그리고 정확히 5년 뒤인 1993년 추수감사절에 그 꿈은 현실이 되었다. '마스크'The Mask라는 영화에서 처음으로 주연으로 발탁되어 출연료를 받은 것이다.

꿈을 글씨로 적고 그것을 현실로 이루었다는 나름의 성공 스토리는 세상에 많다. 꿈을 적는다고 무조건 이루어지는 것은 아니지만, 적어도 시작은 그렇게 해보자는 것이다. 그렇게 시작하고 나면 지속적인 자기암시를 통해 스스로에게 각인시킨다. 여기서 주의할 점은 '어떻게 꿈이 이루어질까? 정말 이루어질까?' 하는 의구심을 갖지 않는 것이다. 구체적인 실행방안을 고민하고 걱정할 필요도 없다. 나도 고등학교 3학년 때 구체적인 공부법에 대해 사전에 조사하고 실천한 게 아니다. 매일 마음 가는대로, 열정이 이끄는 대로 공부했을 뿐이다. 구체적인 행동방법은 저절로 이루어진다. 자신이 미처 상상하지도 못한 방법이 떠오르고, 생각지도 못한 누군가로부터 도움을 받기도 한다.

그러니 꿈을 정해 종이에 적고, 그 꿈이 이루어진다는 신념이 확고하면 꿈은 이루어진다. 생각하는 대로 정말 이루어진다. 나는 이 방법을 그대로 실천했고, 덕분에 많은 꿈을 이루었다. 구체적인 꿈과 목표를 종이에 적은 다음, 매일 그 꿈이 이루어진 것처럼 상상했다. 그러자 불과 얼마 만에 그 꿈이 하나씩 이루어졌다. 2000년에 생산된 '누비라2'라는 400만 원짜리 중고차를 타던 나는 신형 벤츠 E-CLASS를 타게 되었다. 분당의 허름한 투 룸 빌라에서 살던 내가 서판교의 멋진 아파트로 이사했다. 그리고 학원에 고용된 학원 강사 신분에서 벗어나 내가 직접 학원을 설립하고 학원장이 되었다. 그리고 여러 권의 책을 쓴 베스트셀러 작가가 되었으며, 성공학, 공부법, 동기부여를 주제로 강연을 하러 다니고, 초보 강사들을 상대로 컨설팅을 진행하고 있다. 내가 상상한 꿈들이 하나씩 이루어진 것이다. 그리고 지금 나는 더 큰 꿈과 목표를 종이에 적어놓고 있다.

여러분도 모두 희망을 가지길 바란다. 누구나 원하는 것을 가질 수 있고 얻을 수 있다. 공부에서도 인생에서도 자신이 상상하는 꿈은 반드시 이룰 수 있다. 절대 의심하지 말고 내가 권하는 방법대로 시작해 보기 바란다. 먼저 꿈을 종이에 적는다. 구체적이고 명확한 내용으로 적는다. 그리고 매일 그 꿈을 들여다보면서, 반드시 꿈은 이루어진다고 확신한다. 그렇게 하면 사람들이 기적이라고 부르는 놀라운 일들이 현실로 일어날 것이다.

✂2 명확한 목표를 세운다

　공부를 해도 목표에 집중이 안 되는 경우가 있다. 목표와 꿈을 생각해도 가슴이 설레지 않고, 흥분되지 않는다면 우선 목표를 점검하도록 한다. 너무 형식적인 목표, 가슴 떨리지 않는 목표를 세워놓으면 도착 지점을 정하지 않고 달리는 것처럼 그냥 달리다 지쳐 쓰러지고 만다.

　삼성에 입사했을 때 처음 나의 꿈은 임원이 되는 것이었다. 그래서 열심히 일하고 조직에 융화되기 위해 노력했다. 대학시절 각종 동아리와 학생회 활동을 통해 조직생활에 단련이 되어 있던 터라 큰 조직에서 적응하는 일도 크게 어렵지 않았다. 그러나 어느 순간 임원이 나의 목표가 될 수 없다는 사실을 깨달았다. 임원이 되려면 어떻게 해야 하는지 도무지 알 수 없었다. 삼성에서 임원이 되기란 로또 1등에 당첨되는 것보다 더 어렵다는 이야기만 들렸다.

　목표가 실현될 가능성이 희박했기 때문만은 아니다. 회사생활을 하다 보니 임원이 되어도 행복하지 않을 것이라는 생각이 강하게 들기 시작했다. 임원이 되면 돈은 많이 받지만 제시간에 퇴근하는 경우는 드물었다. 임원들 가운데는 부인과 자녀가 해외에 나가서 떨어져 사는 기러기 아빠들이 많았다. 행복하지 않아 보이는 목표는 더 이상 나에게 열정을 일으키지 않았다. 그래서 목표를 새로 정하기로 했다.

목표를 다시 정하겠다는 생각은 했지만 어디서부터 어떻게 해야 할지 막막했다. 학교에서는 인생의 목표를 찾고 정하는 방법에 대해 전혀 가르쳐주지 않았다. 답답한 마음에 찾아간 곳이 서점이다. 인류의 모든 질문의 대답과 삶의 지혜가 담긴 '책'이 있는 곳. 그곳에 가면 해결책을 찾을 수 있지 않을까 하는 기대를 가졌다. 기대한 만큼 큰 성과는 얻지 못했지만 당시 읽은 다양한 자기계발 서적을 통해 '나는 할 수 있다.'는 힘을 얻었다.

고등학교 3학년이 되었을 때 내가 처한 상황은 한마디로 엉망진창이었다. 고2 때 사춘기가 왔는지 매사에 반항심만 커지고 공부는 손에 잡히지 않았다. 앞에서 말한 것처럼 2학년 2학기 중간고사 때 시험과목의 절반 이상 시험을 치지 않고 4일 동안 가출했다. 내신 학생부 점수는 도저히 만회할 수 없는 상태였고, 그런 상태에서 고3이 된 것이다. 대입수능까지 10개월밖에 남지 않았다. 그렇다고 포기할 생각은 없었다.

무조건 대학에 가겠다는 목표를 확고하게 잡고 매일 목표를 되새김질하며 공부했다. 공부를 하면 꿈에 다가간다고 믿었고, 꿈을 이룬 나의 모습을 상상했다. 대학생이 된 내 모습을 그려 보고, 멋진 대학생활을 하는 모습, 미팅하는 모습, 엠티 가는 내 모습을 상상하여 스스로에게 자극을 주었다. 결과는 당당하게 꿈을 이룬 성취로 나타났다.

이처럼 자신이 원하는 바를 명확하고 구체적으로 생각하고 이미지화하도록 한다. 예를 들면, 단순히 '이번 시험은 잘 볼 거야.' '이번 시험은 1등급을 맞아야지.'가 아니라 '이번 시험에서 수학과 국어는 10점, 영어는 20점 올릴 거야.' '지난 시험에서는 전교 200등이었으니 이번에는 전교 100등을 해야지, 과목별로 몇 점, 몇 점을 맞으면 되겠다!' 라고 원하는 등수와 점수를 명확하게 정하는 것이 좋다.

이런 목표는 단기적인 목표이다. 제대로 꿈과 목표를 향해 달려가기 위해서는 장기적인 목표도 함께 정해야 한다. 단기 목표를 통해 순간 순간 성취감을 얻고, 그걸 통해 장기 목표를 달성하는 데 큰 힘을 얻도록 한다.

어린아이들은 자기가 갖고 싶은 장난감이 무엇인지 구체적으로 안다. 그렇기 때문에 그걸 얻으려고 적극적으로 떼를 쓴다. 그런 노력이 클수록 부모님이 장난감을 사줄 확률이 높아진다. 이처럼 원하는 이미지를 최대한 자신의 마음과 뇌에 강하게 각인시키는 게 좋다.

나는 학생들에게 장기적인 목표를 정하고 그것을 가슴 속에 꾸준히 새기도록 하기 위해 많은 이야기를 나누고 실천방법을 알려준다. 대학에 가는 꿈을 갖고 있다고 치자. 그러면 가고자 하는 대학이 어디에 있고, 어떻게 생겼는지는 알아야 하지 않겠는가. 최소한 궁금하기라도 해야 하지 않겠는가. 그래서 학생들에게 가고 싶은 대학에 직접 찾아가 보라고 시킨다. 가서 대학 캠퍼스를 걸어 보고 대학 본관 앞에서 셀카를 예쁘게 찍으라고도 한다. 그 사진을 출력해서 공부방과 연습장이며 책에도 붙이라고 한다. 핸드폰 배경사진에도 넣어두면 좋다.

목표를 정하는 것은 시작일 뿐이다. 그 목표를 잊지 않고, 자신의 의식에 자극을 주기 위해 시각화를 한다. 장기 목표일수록 더 자주 들여다보고 생각할 수 있도록 다양한 시각화 방법을 동원한다. 가고 싶은 대학에 자주 가볼 수는 없으니 수시로 대학 홈페이지에 들어가 보라고 한다. 홈페이지에 가면 대학의 멋진 엠블럼과 학과 목록을 비롯해 다양한 사진들을 볼 수 있다.

자신이 가고자 하는 학과 홈페이지에도 들어가 본다. 그곳에서 배우는 학과목과 강의 제목을 살펴보고, 졸업 후 진로가 어떤지도 파악한다. 막연히 '경영학과가 인기 있으니 가야지.' '전자공학과가 재미있을 것 같은데.' 라는 생각만으로 공부해서는 안 된다. 구체적인 목표를 가진 사람과 그렇지 않은 사람의 차이는 결정적일 때 나타난다.

고등학교 1학년 때부터 장기적인 목표가 분명한 학생이 있었다. 체육 선생님이 되는 게 꿈이고, 고려대 체육교육학과 진학이 목표였다. 그 학생은 실기과목 중에서 딱 고려대 입시 실기만 연습하고 수능 공부도 그 학과에 초점을 맞추어서 열심히 했다. 3년의 고등학교 생활을 하는 동안 많은 시련과 성취가 함께했다. 그러나 그 학생은 좌절하거나 우울해하지 않았다. 학교 시험 점수가 조금 떨어지더라도 최종적인 수능성적은 조금씩 향상되고 있었고, 실기과목은 부지런히 하면 제대로 할 수 있으리라는 믿음이 확고했다.

그 학생은 항상 고려대 엠블럼이 박힌 배지를 가방에 달고 다니고, 핸드폰 화면에도 고려대 본관 사진을 넣어 놓았다. 내가 대학생활 이야기를 하면 제일 반응이 좋고, 마치 자기가 경험한 일인 양 좋아했다. 아마 내 이야기를 들으면서 자신의 멋진 대학생활 모습을 실감나게 상상했을 것이다.

그 학생은 고려대에 합격했을까? 안타깝지만 그렇지 못했다. 해당 년도 수능시험의 국어가 너무 어려워 합격점수에 미치지 못했고, 대신 그는 경기도에 있는 어느 대학 체육교육학과에 들어간다. 그는 실패한 것일까? 아니다. 고려대가 아닌 다른 대학에 간 것을 실패라고 부를 수는 없다. 그 학생이 정말 절실히 원하는 것은 체육 선생님이 되는 것이지 고려대에 들어가는 게 아니었다. 조금 아쉬웠을 수는 있지만 그 학생은 본인의 꿈인 체육 선생님이 되기 위해 체육학과에 당당히 합격했고, 멋지게 대학생활을 시작했다. 고려대에 못 간 것이 작은 시련일 수는 있지만 실패는 아니다. 그 학생에게는 그보다 더 큰 꿈이 있기 때문이다.

이처럼 명확한 목표를 가진 사람은 좀처럼 흔들리지 않는다. 작은 시련에 아랑곳하지 않는다. 시련도 자신의 목표를 달성하는 데 자양분으로 활용한다. 그리고 단기 목표와 장기 목표를 구분해 놓고 적절히 성취감을 맛보며 달려간다. 장기 목표가 달성되려면 자신이 생각하는 것보다 훨씬 더 오랜 시간이 걸릴 수 있다. 그렇기 때문에 단기 목표들을 곳곳에 배치해 성취감을 얻고, 그 성취감을 징검다리로 삼아 도중에 만나는 시련을 극복해 나가도록 한다.

공부하는 지금 이 순간 가슴을 두근거리게 하는 목표가 없다면 잠시 펜을 내려놓고 생각해 보자. 내가 갖고 싶은 것, 원하는 것, 가고 싶은 대학, 누리고 싶은 것이 무엇인가? 자신의 목표를 최대한 구체적이고 명확하게 그려 보자. 그렇게 해서 떠오르는 생각을 떨리는 마음으로 하나씩 메모지에 적어 본다. 이것이 진짜 공부법의 시작이고 핵심이다.

3 자신을 위해 공부한다

원래 컴퓨터 게임은 재미있고, 공부는 재미없을까? 이 기준은 누가 만들었을까? 게임이 반드시 즐거워야 하는 이유는 없고, 공부가 지겨워야 하는 이유도 없다. 이러한 판단은 절대적인 것이 아니라 어릴 적부터 우리 뇌리에 각인된 선입견에 불과하다. 얼마든지 그 반대로 생각할 수 있다.

현재 학생이라면 자신의 일상을 생각해 보자. 자신의 주변이 얼마나 공부에 부정적인 일들로 가득한지 보면 깜짝 놀랄 것이다. 등교하면 곧바로 친구들과 어떤 대화를 하게 되는지 보자. '아, 숙제 하나도 못했어.' '오늘 수학 수업이 두 번이나 있어.' '시험이 일주일 남았는데 공부 하나도 안 했어.' '학교 오기 너무 싫어.' '진짜 수학 어려워.' '난 대학 포기했어.' 등 긍정적인 대화는 좀처럼 찾아보기 힘들다.

부모님으로부터 듣는 이야기는 또 어떤가. '이렇게 공부해서 어떻게 대학을 가니!' '또 성적이 떨어졌네. 도대체 뭐가 문제야?' '숙제도 안 하고 시험도 못 보고! 이제부터 친구들하고 놀지 마. 핸드폰도 압수다!' 도저히 벗어날 수 없는 지옥에 갇혀 사는 듯하다.

이렇게 사방에서 들리는 공부에 대한 부정적인 말들이 우리를 공부에서 더 멀어지게 만드는 요인이 된다. 하지만 이런 상황은 바꿀 수 있다. 부정적인 내용은 듣지 않는 것이 좋지만, 그게 뜻대로 되지 않는다면 긍정적인 생각을 많이 해서 부정적인 말들을 밀어내도록 노력해 보자. 자신의 꿈을 위해 공부하는데 그런 부정적인 말 때문에 공부를 멀리할 수는 없지 않은가. 부정적인 말이 들려도 긍정적인 마음을 갖도록 의식적으로 노력하는 것이다. 이것이 바로 '진짜 공부'를 이끄는 힘이 되어 준다.

나는 학원 수업을 할 때 두 시간 수업 중에서 30분 정도는 학생들이 공부나 자신의 삶에 대해 긍정적인 생각을 가지도록 도움이 되는 이야기를 해준다. 내가 고등학교 시절에 공부하기 싫어서 한 행동들과 그것을 이겨낸 이야기, 대학 시절에 겪은 다양한 이야기들. 그리고 삼성에서 퇴사한 다음 최고의 학원 강사가 되기까지의 과정 등을 이야기해 준다. 이런 이야기를 하면 나도 신이 나지만, 내 말을 듣는 학생들의 눈도 빛나고, 내 이야기에 푹 빠지는 모습에 감동을 느끼게까지 된다.

거듭 말하지만, 우리 주위는 부정적인 환경으로 가득하다. 내 이야기를 통해 학생들이 긍정적인 방향으로 나아갈 수 있도록 도움을 주는 것이다. 비록 짧지만 아이들이 '공부! 이거 해볼 만한 걸!'이라는 자신감을 갖기에는 충분한 시간이다.

우리는 각자 꿈이 다르고, 세상을 사는 목적도 서로 다르다. 그런데 모두들 산의 정상에 올라야만 성공하는 것이라고 착각하고 있다. 모든 사람이 산 정상에 오르는 걸 목표로 삼을 수는 없고, 그럴 필요도 없다. 모든 수험생이 서울대 의대를 목표로 할 필요는 없으며, 그건 사회적으로도 마찬가지이다. 만약 모두 1등이 되고, 의사가 되겠다고 고집을 부리면 세상은 유지되지 못할 것이다. 모든 학생이 1등 성적을 받을 필요는 없다. 각자 자신의 꿈을 실현하는 데 필요한 만큼의 공부를 하면 된다.

진짜 공부는 바로 나 자신을 위한 공부이다. 공부를 안 하거나 숙제를 해오지 않는 학생들에게 '부모님 입장에서 생각해 봐. 부모님이 얼마나 고생하시니. 그런 부모님을 보더라도 좀 더 열심히 해야 하지 않겠니.'라고 말하는 선생님, 어른이 많이 있다. 나는 생각이 다르다. 왜 아이가 공부하면서 부모의 입장을 생각해야 하는가? 왜 부모를 위해 공부를 해야 하나? 부모는 정말 자식이 부모를 위해 공부하기를 바랄까? 부모는 자식이 자신의 꿈과 미래를 위해서 공부하는 모습을 더 바라시지 않을까?

27살인 그 학생을 만난 것은 나로서도 큰 경험이었다. 그때까지, 그리고 이후로도 그렇게 부정적인 생각으로 가득 찬 학생을 만나기는 힘들 것 같았다. 그는 검정고시 준비를 하려고 했다. 미국 국적이던 그는 한국에서 국제학교를 졸업하고 미국에 있는 어느 대학에 입학했지만 적성에 맞지 않아 자퇴하고 한국으로 돌아왔다. 대학의 자동차 관련 학과에 진학하고 싶었으나 한국 교육과정에서 초등학교 졸업밖에 인정되지 않았기 때문에 중졸, 고졸 검정고시를 준비해야 했다.

수업을 하면서 보니 그 학생이 부모님에 대해 갖고 있는 분노가 매우 컸다. 자신의 자존감이 낮고 자립심이 부족한 것, 그리고 꿈이 없고 인생에 대해 허무감만 느끼게 된 것이 모두 부모 탓이라 여겼다. 그의 이야기를 들어보면 어느 정도 이해는 되었다. 그러나 중요한 것은 과거도 현재도 아니고 미래이다.

수업 때마다 부모님에 대한 이야기를 시작하면 끝이 없었다. 도저히 수업을 진행하기 힘들 정도였다. 그래도 나는 그의 이야기를 들어주고 이해해 주는 것도 중요한 수업의 한 부분으로 생각했다. 그는 늘 부정적인 생각과 분노가 담긴 말을 했지만, 그 내면을 들여다보면 자신의 꿈을 찾고 싶어 했다. 자신의 진짜 인생을 살아갈 힘을 찾고 싶은 것이었다.

나는 수업을 진행하면서 그가 아무리 부정적이고 우울한 이야기를 해도 긍정적인 이야기로 대응했다. 그가 '선생님은 지나치게 긍정적이세요.'라고 하면 나는 '세상의 일들을 가급적 긍정적으로 생각하려고 노력하는 거야. 안 좋은 일을 안 좋게만 받아들이면 계속 부정적인 일이 생겨. 좋게 생각하면 긍정적인 일이 끌어당겨진다고 나는 믿어.'라고 해주었다. 그 학생은 우울증을 치료하기 위해 여러 심리치료사들을 만났지만 모두 3개월을 버티지 못하고 손을 들었다고 했다. 그러니 4개월 넘게 자신과 공부를 계속하고 있는 나의 존재에 대해 그 학생도 신기해했다.

결국 나는 그 학생을 끝까지 지도했고, 그는 중졸, 고졸 검정고시 모두 우수한 성적으로 합격했다. 그렇게 부정적이던 그가 합격증을 보여주겠다며 가방에서 꺼내던 모습이 아직도 기억난다. 나는 합격 선물로 그에게 멋진 시계를 사주었다. 부정적인 의식으로 가득 찬 그가 검정고시 공부에 집중할 수 있었던 것은 공부가 바로 '자신을 찾는 일, 자신이 원하는 꿈'의 시작이었기 때문이다. 수업 때마다 나를 통해 긍정적인 이야기를 들은 것도 한몫했다. 이제부터가 진짜 시작이다. 정말 하고 싶은 꿈을 찾는 그의 여정은 계속될 것이고, 이제 그 첫걸음을 내디딘 것이다.

자신의 꿈을 찾고, 자신을 위한 진짜 공부를 하기 위해서는 스스로 숙고하고 고민하는 시간도 필요하다. 그것이 짧게 마무리되면 좋겠지만 혹시 긴 시간을 투자해서 고민하더라도 '내가 원하는 것' '내가 하고 싶은 것' '내가 잘 하는 것'을 찾도록 노력해야 한다.

안타깝게도 꿈과 목표를 제대로 찾아 공부하는 학생은 많지 않다. 학교에서는 '진짜 자신'을 찾는 방법을 알려주지 않고, 세상 어디에도 그것을 찾는 방법을 알려주는 곳은 없다. 거듭 강조하지만 진짜 자신을 깨달을 때 진정으로 자신을 위한 '진짜 공부'를 할 수 있다. 그래서 교육이 필요하다. 교육이라는 뜻의 영어단어 Education은 라틴어 Educo에서 유래되었다고 한다. 이 말은 '끌어낸다.'는 의미를 담고 있다. 즉 교육을 통해 자신이 가진 재능과 꿈을 끌어낸다는 말이다. 나부터라도 이런 교육을 진행하기로 했다.

나는 수학 학원 강사 신분이기는 하지만 전부터 '드림 메이크'라는 수업을 개설했다. 굉장히 특별한 커리큘럼의 수업이다. 4주 동안 매주 학생들에게 지정한 책을 읽어오게 한다. 그냥 책이 아니라 아이들의 의식을 열어 주고, 자신을 찾아가는 여정에 지도가 되어 줄 자기계발 서적들이다. 책을 읽어 온 학생은 돌아가며 느낀 점을 간단히 발표하고, 그런 다음 내 강의가 시작된다. 책이야기는 물론이고, 나의 개인 스토리도 들려주면서 학생들에게 동기부여를 주고 자극을 준다.

매주 과제도 진행된다. 자신이 목표로 하는 대학이나 회사에 직접 가서 둘러보고 인증 샷을 찍어 오라고 한다. 자신의 꿈을 생각해 보고 드림 리스트도 만든다. 마지막에는 드림 보드까지 함께 만든다. 수료 선물로 큰 드림 보드를 선물해 주면서 집으로 가져가 공부방에 세워놓고 시각화하라고 한다.

　재미있는 것은 '왜 수학 학원에서 이런 수업을 해요?'라고 문제를 제기하는 대신 학생과 학부모님들의 반응이 매우 긍정적이고 적극적이라는 점이다. 나는 이 4주 과정이 앞으로 학생들의 긴 여정에 큰 버팀목이 되고, 지침이 되고, 자극이 될 것이라는 점을 알고 있다. 그리고 아이들의 숨은 재능과 꿈을 찾는 데도 큰 도움이 될 것이라고 생각한다. 지금도 수업은 진행 중이고, 세상 누구나 함께할 수 있도록 강좌를 개설해 놓았다.

　진정 나의 꿈은 무엇이고, 그 꿈을 이루기 위해 내가 취할 선택과 행동은 무엇인가에 대해 심각하게 고민해야 한다. 진짜 공부는 이렇게 '나 자신'으로부터 시작된다.

4 먼저 생각을 바꾼다

나는 어느 날 갑자기 억대 연봉 강사가 된 것이 아니다. 매일 그렇게 되는 꿈을 꾸고, 목표를 생각하고, 변화하는 나를 생각했다. 억대 연봉 강사가 되고, 베스트셀러 작가가 된 내 모습을 앞당겨 상상했다. 나의 내면을 미래의 꿈으로 가득 채웠다. 무엇보다도 이게 중요하다. 마인드를 변화시키면 행동이 따라서 바뀌기 때문이다.

3년을 함께 공부해 온 어떤 학생이 가져온 연습장 앞 페이지에 무언가가 붙어 있었다. 하얀 스티커인데 거기 적힌 문구가 이랬다.

'나는 전 과목 1등급이다. 나는 연세대학교 학생이다. 나는 최고다!'라는 문구가 선명하게 쓰여 있었다. 그 학생은 늘 열심히 하고 이해력이 좋은 편이었다. 그런데 시험을 보면 결과가 좋지 않았다. 실전에 임하면 자신감이 많이 부족했다. 자신감은 쉽게 생기지 않는 습관 중 하나이다. 마지막으로 이 학생에게 권한 대책이 시각화였다. 우리 마음은 계속 토닥여 주지 않으면 금방 원래대로 돌아간다.

우선 자신이 원하는 것을 생각해 가장 눈에 잘 띄는 곳에 붙이라고 시켰다. 처음에는 예상대로 '에이!' 하는 반응을 보이더니, 그래도 시키는 대로 원하는 내용을 적은 문구를 여기저기 붙였다. 연습장, 필통, 그리고 책상에도. 그렇게 1년이 흘렀다. 그의 눈빛에 생기와 자신감이 넘치고, 평소 공부는 물론이고 시험에도 본인의 실력 발휘를 제대로 하기 시작했다.

더 놀라운 일은 그런 결과와 함께 평소 그 학생의 말투와 행동이 달라진 것이다. 질문하는 빈도가 늘고, 질문하는 내용도 본인이 충분히 고민하고 이해한 후에 했다. 전에는 쑥스러움과 부끄러움으로 질문을 거의 하지 않았다. 그리고 이제 어려운 문제를 만나도 전혀 주눅 들지 않고 끝까지 물고 늘어지는 모습이 자주 보였다. 전에 찾아보기 힘들던 열정과 치열함이 보였다. 조금씩 변화하고 성장한 마인드로 인해 행동이 크게 달라진 것이다.

학생들을 보면 자신이 공부를 잘 못하고, 열심히 하지 않는 이유를 외부에서 찾으려고 하는 경우가 있다. 아버지가 매일 술을 마시고 들어와 공부를 할 수 없다는 이유에서부터, 집이 너무 가난해 선행학습을 못해 성적이 나쁘다는 이유, 일요일이면 교회에 하루 종일 가 있어야 해서 공부할 시간이 없다는 이유 등등. 그 중에서 가장 많이 듣는 이유는 바쁘다는 거였다. '도대체 왜 바쁘니?'라고 물으면 '국어 학원 가느라고 수학 숙제를 못했어요.' '영어 학원 때문에 수학 숙제를 못했어요.'라고 한다. '친구 생일이라 공부를 못했어요.'라는 이유도 있었다.

이런 이유는 그냥 핑계거리에 불과하다는 말도 입이 아플 정도로 많이 했다. 성공하는 사람들은 문제의 원인을 외부에서 찾지 않고 자기 자신에게서 찾는다. 그래야 해결책을 찾고, 문제를 빠르게 개선할 수 있다. 어려운 외부 환경을 이겨내고 성공하는 사람도 많고, 전교 1등을 하는 학생도 많다.

제자 중에 초등학교 시절부터 심장이 좋지 않아 학업과정이 원활히 진행되지 못한 학생이 있었다. 게다가 중학교 때는 심장 수술로 2년 넘게 학교에 가지 못했다. 2년의 회복기간을 거치고 다시 학교에 갔을 때는 다른 학생들과 나이차도 많고, 배운 내용도 거의 잊은 상태였다. 그럼에도 불구하고 그 학생은 '그 힘든 심장 수술도 견디고 여기까지 왔는데 공부쯤이야 못 해낼 이유가 없지.'라는 각오로 치열하게 공부를 시작했다.

그가 나에게 왔을 때는 고등학교 1학년이 끝나갈 무렵이었는데, 이미 전교 3등의 수준에 올라 있었다. 심장이 약해 밤늦게까지 무리해서 공부할 수도 없고, 체력관리를 하기 힘든 상태였음에도 잔병 없이 고등학교 과정을 마쳤다. 그리고 결국 원하는 대학에 입학하고, 나중에는 내가 근무하는 학원의 조교로까지 오게 되었다. 가정 형편이 말도 못하게 어려웠다. 심장 수술은 비용이 보통 들어가는 정도가 아니었다. 도대체 얼마나 아파야 공부를 못한다는 말을 할 수 있을까? 가정형편이 얼마나 어려워야 공부를 못한다고 말할 수 있을까?

무언가를 변화시키려면 먼저 자신부터 변해야 한다. 외부 환경 탓만 하면 안 된다. 자신의 성적이 좋지 않거나 공부를 못하게 된 결과는 모두 자신이 만들어낸 것이다. 생각해 보자. 성적과 실력을 올리기 위해 자기 스스로 어떤 노력을 해 왔는지 돌이켜보자. 모든 문제는 자기 안에서 그 원인을 찾도록 해야 한다.

엄청난 부자가 폭식으로 인해 갖은 질병에 휩싸여 고통스러워 했다. 그는 병을 치료하는 데 큰돈을 지불할 용의가 있고, 실제로 그렇게 했다. 그러나 폭식을 멈추지는 않았다. 자기 스스로 병의 원인을 키우면서 그 원인이 되는 습관을 포기하는 희생은 각오하지도 실천하지도 않은 것이다.

시험만 치고 나면 시험지를 들고 찾아와 울던 학생이 있었다. 그러면서 실수를 너무 많이 했다느니, 시험이 너무 어려웠다느니, 자기가 공부한 건 하나도 나오지 않았다면서 하소연했다. 다음 시험은 열심히 준비해서 좋은 결과를 얻겠다고 약속한다. 그러고 나서도 그 학생은 '또!' 열심히 하지 않았다. 본인은 열심히 했다고 생각할지 모르지만 강사 입장에서, 공부를 한 선배 입장에서 보면 전혀 열심히 한 게 아니었다. 그 학생은 다음 시험 때도 마찬가지로 시험지를 들고 찾아와 울었다.

'나' 스스로 변화하지 않고, 실천하지 않으면 상황은 절대 나아지지 않는다. 자기 스스로 변화할 마음이 없으면서 어떻게 주변 환경만 개선되기를 바라는가. 자신의 마인드를 변화하는 것보다 주변 환경을 바꾸는 게 더 어렵다. 자신을 변화시키는 과정이 훨씬 더 쉽다. 결심을 하고, 작은 일부터 실천하기 시작하면 된다. 그렇게 하면 주변 환경과 결과를 자신이 원하는 대로 바꿀 수 있다.

내가 변해야 원하는 결과를 얻을 수 있다. 나의 생각, 감정, 이미지, 행동, 마인드를 내가 원하는 목표에 집중한다. 그리고 원하는 변화가 이미 이루어진 것처럼 생각하고 행동한다. 스스로 꿈을 이루었다고 상상하고, 꿈을 이룬 자신을 생각해 보자. 스스로를 1등급 학생이라고 생각하고 높은 곳에서 자신을 내려다본다. 변화된 자신을 바라보며 절대 의심하지 않는다. 진짜 1등급 학생처럼, 진짜 공부 잘하는 학생처럼 생각하고 행동하는 것이다. 그러다 보면 자신도 모르는 사이에 숨은 재능이 힘을 발휘하게 될 것이다.

05 긍정의 끌어당김 법칙을 믿는다

부정적인 말을 입에 달고 사는 학생이 많다. 열심히 공부하면서도 '이렇게 공부한다고 뭐가 달라지겠어?'라는 말을 일삼고, 시험일까지 시간이 많이 남아 있는데도 '에이 이번 시험은 망쳤어.'라고 지레 겁먹는다. 이제 겨우 고등학교 1학년 학생이 '내가 무슨 인서울이야!' 라며 쉽게 포기한다. 이는 자신의 목표와 꿈에 미리 한계를 정해 버리는 행위이다. 가능성을 닫으면 꿈은 절대로 현실이 되지 않는다. 꿈을 제대로 이루기 위해서는 그것을 가로막는 한계를 만드는 대신 반드시 해낼 수 있다는 자신감을 가져야 한다.

나는 고등학교 2학년 2학기 중간고사의 절반을 시험에 응하지 않았다. 가출을 했기 때문이다. 그 때문에 내신성적은 정말 최악이었다. 당시에는 대학입시에서 내신과 수능을 같이 평가했기 때문에 내신이 좋지 않다는 것은 좋은 대학에 가기 힘들다는 뜻이었다. 그런데 고등학교 3학년이 되어서 정신을 차리고 보니 멋진 대학생활이 하고 싶어졌다. 뒤늦게 수능 공부를 본격적으로 시작했고, 좋은 결과를 얻었다.

나는 그때 수능을 못 볼 거라는 생각이나 내신이 좋지 않아 대학에 못 갈 거라는 생각을 한 적이 없다. 야간자율학습 시간에 공부만 열심히 한 것은 아니지만, 미리 부정적인 생각을 하지 않고 공부한 기억이 난다. 늦게 시작한 공부였지만 단 한 순간도 내가 대학에 못 갈 거라는 생각은 하지 않았다. 내가 가고 싶은 대학에 가서 멋진 대학생활을 하는 것은 당연한 일이라고 믿었다. 그랬기 때문에 매일 열심히 공부하는 데 어려움이 없었다.

대학교 4학년 1학기 때였다. 본격적으로 취업 시즌이 다가오고 있었다. 공학대학 학생회장이던 나는 꽤나 바쁜 일상을 보내고 있었다. 신입생 오리엔테이션 준비를 시작으로 개강 총회, 대학축제, 모의 토익시험, 공학대학 학술제, 농촌봉사활동은 물론이고, 사회적 이슈에 대한 집회 현장 참석에 서명운동까지 정말 정신없이 보내고 있었다. 그랬기 때문에 취업준비를 따로 한 적이 없었다. 남들 다 하는 토익공부를 단 1분도 한 적이 없고, 변변한 자격증 하나 갖고 있지 않았다. 할 생각도 없었다. 왜냐하면 불안하지 않으니까.

나는 대학을 졸업하고 취업하지 못할 것이라는 생각을 해본 적이 없었다. 남들은 대책 없이 너무 낙관적인 게 아니냐고 생각할지 모르지만 군이 부정적인 생각을 할 필요가 있을까? 부정적인 생각은 할수록 좋지 않은 일을 끌어당긴다. 과학적으로도 많은 증명과 연구가 진행되고 있는 '끌어당김'의 법칙이다. 이왕 끌어당길 거라면 긍정적이고 좋은 일을 끌어당기면 좋지 않은가?

긍정적인 생각을 하면 마음도 즐겁고, 실제로 좋은 일이 많이 생기는 경험을 할 수 있다. 취업준비를 별도로 하지 않은 나는 졸업을 4개월 앞둔 시점에 삼성전자에 입사했다. 전혀 뜻밖의 어느 날 긍정의 끌어당김이 내게 다가온 것이다. 그렇다고 낙하산 입사를 한 것은 아니다.

어느 날 삼성에 다니는 대학 후배가 학교로 취업설명회인 리크루팅을 나왔고, 학생회장이던 나의 권한으로 3일 동안 강의실을 빌려주었다. 마지막 날 후배를 만나러 갔다가 그 후배로부터 삼성에 지원해 보라는 말을 듣고 지원한 것이다. 1차 서류심사에 통과하고, 2차 SSAT^{삼성 직무능력 인증평가}에도 통과했다. 그리고 그 어렵다는 4시간에 걸친 3차 면접도 통과해 최종 합격을 한 것이다.

엄청 떨리고 긴장되는 가운데서도 나는 단 한 순간도 내가 삼성 취업에 실패할 거라는 생각을 한 적이 없다. 오히려 면접에서 멋지게 대응하는 나를 꿈에서 보고, 삼성맨이 되어 멋지게 출근하는 상상을 했다. 삼성에 합격하는 데 대학생활 동안 겪은 다양한 경험과 깨달음이 많은 힘이 된 것도 사실이다. 하지만 가장 중요한 역할을 한 것은 자기확신이었다. 나는 '자신의 가능성'을 철저히 믿었다.

나로 인해 많은 후배들이 스스로 설치해 놓은 한계를 걷어냈다. 겉으로는 '아니 어떻게 선배가 삼성에 들어가죠?', '아니 삼성이 미친 거 아녜요?'라고 농담조로 얘기했지만, 속으로는 '저 선배도 하는데 나도 가능하지 않을까?' 라는 자신감이 생겼을 것이다. 실제로 나의 삼성 취업 이후 많은 학생회 후배들이 성적도 좋지 않고, 스펙이 별 볼 일 없는데도 삼성과 LG에 지원하여 합격했다. 스스로 자신의 가능성을 믿는다면 누구에게나 기회가 오고, 긍정적인 결과를 얻을 수 있다.

  학생을 지도하는 선생님은 물론이고 학생 스스로 자신의 한계를 쉽게 정해 버리는 경우가 많다. 선입견을 너무 쉽게 받아들이는 것이다. 절대로 학생들에게 지능이나 성공 가능성에 대해 편견을 심으면 안 된다. 선생님이 학생들에게 이런 말을 한다.
  "넌 계산 실수가 많아. 계산 연습문제를 더 풀자."
  "넌 여학생이라 이과로 가면 힘들 거야."
  "넌 수학을 못하니까 문과로 가는 게 좋겠어."
  이처럼 학생의 가능성을 미리 차단해 버리는 말은 아주 위험하다. 계산 실수가 많다는 말을 듣는 순간 학생은 스스로 '아, 나는 계산 실수가 많구나.'라고 한계를 정해 버릴 것이다. 그렇기 때문에 다음 시험에서 실제로 계산 실수를 하면 '에이 또 계산 실수로 틀렸네, 난 역시 안 돼.'라고 단정해 버리게 된다. 그러면 어떻게 해야 할까? 계산 실수가 많은 학생에게 계산 실수가 많다고 하면 편견이 된다니 무슨 말을 해야 하나?

계산 실수로 문제를 틀린 학생에게는 이렇게 용기를 준다.

"자 이번에 이만큼 공부했으니 계산 실수는 없을 거야. 혹 계산 실수를 하더라도 천천히 풀이 과정을 복습하면서 두 번만 보면 돼. 그러면 앞으로 계산 실수는 절대로 안 해. 선생님은 확신해!"

이과를 가고 싶어 하는 여학생에게는 이렇게 말한다.

"넌 여학생이니 수학과 과학 공부를 더 꼼꼼하게 잘할 수 있어. 대학에 가더라도 이공계 여학생은 거의 여신 같은 대우를 받으니 재미있을 거야."

수학을 못하는 학생이 문과냐 이과냐를 놓고 진로를 고민할 때도 이렇게 충고해 준다.

"지금 수학 점수가 낮으니 얼마든지 올릴 수 있는 여지가 많아서 좋아. 네 노력의 성과를 제대로 보여줄 수 있는 절호의 찬스야. 전자공학과를 가고 싶은데 수학 점수 때문에 문과로 갈 필요는 없어. 네가 원하면 얼마든지 다 이룰 수 있으니까. 선생님이 항상 옆에서 응원하고 지도해 줄 테니 걱정 말고 가고 싶은 방향으로 선택하면 돼."

이처럼 항상 가능성만 생각하고 믿어야 한다. 세상에는 한계 지을 수 있는 어떤 주체도, 한계 지어질 대상도 존재하지 않는다.

빙상 스포츠가 척박한 대한민국에서 가능성과 열정으로 김연아가 피겨 여왕이 되고, 황무지 같던 여자 골프계에서도 박세리 선수가 해내고야 말겠다는 자신감으로 세계 정상에 오를 수 있었다. 도대체 무슨 근거로 '계산 실수가 많은 학생' '수학을 못하니 문과로만 진로를 가야 하는 학생'이라고 미리 낙인찍을 수 있단 말인가.

자신의 한계를 규정짓는 것들로부터 멀어져야 한다. 자기 스스로도 한계를 벗어던지고 가능성만 믿고 달려가겠다고 결심해야 한다. 그런데 가장 가까운 주변 사람들이 오히려 부정적인 이야기와 한계를 짓는 말을 던지는 경우가 많다.

열심히 공부하려고 하면 제일 가까운 친구들이 다가와서 '우와, 공부하는 거야? 이야, 신기하네.'라며 놀리고, 꿈과 목표를 방에 붙여놓으면 형제나 부모가 '야, 이렇게 공부해서 되겠어?' '뭐 꿈은 크면 좋은 거니까.' '네가 어떻게 스카이 대학을 가나?'라는 말로 아이의 힘이 빠지게 만든다. 하지만 '그런 따위의 말에' 주눅 들거나 자신감을 잃지 말자. 왜! 이미 당신은 스스로 결심했고, 당당하지 않은가?

부정적인 평가들은 그대로 담담하게 받아들이자. 친구들이 놀리면 '그래 나 이제부터 공부하려고. 하하하.' '야, 나 이번에 반 1등 할거야. 하하하.'라며 웃어넘기는 것이다. 형제나 부모가 부정적인 말을 하거나 당신의 가능성을 무시한다면 그것도 담담하게 받아들이자. 모든 것은 지금까지 해온 당신의 행동이 만들어낸 결과일 뿐이다. 하지만 이제부터는 달라질 것이므로 자신 있게 받아들이는 것이다. 형제와 부모의 말에 '나 이제부터 열심히 할 거야. 지켜봐 주세요.' '난 기필코 스카이 대학을 갈 테니 두고 보시고, 멋진 선물 준비해 두세요.'라고 당당히 말하는 것이다.

가능성만 바라보고 열심히 살아가도 이루어질까 말까 할 정도로 경쟁이 치열한 사회이다. 그런데 왜 부정적인 생각과 쓸데없이 한계를 지어서 스스로 자신의 능력을 제한하는가. 공부도 마찬가지이다. 여러분 누구나 공부를 잘할 수 있다. 원한다면 반 1등, 전교 1등, 세계 1등도 할 수 있다. 스스로 선택하고, 그 선택을 믿고 달려가기만 하면 되는 것이다.

여러분은 어떤 선택을 하겠는가?

6 꿈이 이루어진 미래를 실감나게 그려 본다

목표가 선명하고 열정이 불타오른다고 해도 공부가 마냥 수월하지는 않을 것이다. 풀리지 않는 문제를 볼 때마다 짜증이 나고, 하루 전에 외운 영어단어가 생각나지 않아 실망하기 일쑤일 것이다. 천재가 아닌 이상 세상 누구나 겪는 일이다. 공부는 힘들고 장기전이다. 수시로 절망하고 실망하며 흔들릴 필요가 없다.

나는 공부가 정말 하기 싫을 때 나 자신에게 최대한 힘을 주는 말을 던졌다. 자신과 대화하는 것이다. '그래 난 할 수 있어!', '이 정도 쯤이야 다시 공부하면 충분히 이겨낼 수 있어.' 와 같은 말이다. 특히 거울을 보거나 샤워할 때도 큰소리로 말하며 스스로 자극을 주었다.

이런 긍정적인 말이 나의 귀로 피부로, 눈으로 자극이 됨으로써 스스로 자신감을 주고 다시 달려 나갈 힘을 얻었다. 메모지나 일기장에 써도 좋다. 다양한 방법으로 꿈을 생각하고, 자신과 긍정적인 대화를 나누는 것은 매우 중요하고 효과적이다. 특히 슬럼프를 자주 겪거나 우울증이 있는 경우 효과적인 방법이다. 자신과 긍정적인 대화를 나눌 때는 현재 시제를 사용한다.

'나는 모든 것을 긍정적으로 생각해.'

'나는 오늘도 열심히 공부한 만큼 실력이 올라가고 있어.'

'나는 조금 전에 잠시 힘들었지만 지금은 아주 좋아.'

'나는 체계적으로 학습 관리를 잘해.'

복잡하게 생각할 필요가 없다. 자신과 대화할 때 긍정적으로, 그리고 현재 시제로 명확하게 표현하면 된다. 그리고 자신을 확실히 믿는다. 대화하면서 스스로를 믿지 못하고, 건성으로 말로만 하는 것은 아무 의미가 없다.

사소한 두려움과 절망이 느껴질 때마다 의식적으로 목표와 꿈을 향한 자신의 열망을 떠올리도록 한다. 왜 공부해야 하는지 그동기와 이유를 기억하고 열망한다. 부정적인 생각은 할수록 더 강화된다. 하지 않겠다고 애를 쓰고 다짐할수록 두려움은 더 커지고, 더 큰 두려움을 몰고 온다. 부정적인 생각을 덮어 버릴 수있는 것은 긍정적인 생각뿐이다! 목표와 꿈을 생각하며 가슴 뛰는 열망이 넘실대는 생각으로 절망의 파도를 덮을 수 있다.

내가 공부하는 이유, 목표, 꿈은 단순히 어떤 직업을 갖고 싶다는 게 아니다. 내가 바라는 것, 가장 성취하고 싶은 그 무엇을 위해 지금 공부하는 것이다. 그것은 멋진 대학생활이 될 수도 있고, 예쁜 여자친구를 만나는 것일 수도 있다. 굳이 거창할 필요는 없다. 생각만 해도 가슴이 뛰고, 간절해지고, 열정이 타오르는 그런 꿈을 말한다.

　대학 시절 농촌 봉사활동[농활]을 하러 갔다. 충청북도 제천으로 9박 10일의 일정이었다. 농활 기간 중 그곳에 사는 고등학생들과 만날 수 있었다. 하루 일과를 마무리하고 학생들과 찐 감자와 옥수수를 먹으며 이런저런 대화를 나누는 시간이 있었는데, 거기서 마을에 사는 고등학교 2학년 여학생을 만났다. 그 여학생의 꿈은 간호사가 되는 것이었다. 말을 들어 보니 성적은 아직 많이 부족했다. 수능까지는 1년 6개월의 시간이 남아 있었다.

　그 여학생은 간호사 이야기를 한 시간이 넘도록 신이 나서 했다. 어느 대학에 들어갈지, 거기서 어떤 공부를 하고, 나중에 어떤 간호사가 될지 너무도 실감나게 이야기했다. 그러나 집에서 농사일을 돕다 보니 방학기간에도 학원에 다닐 시간이 없었다. 담배 농사, 옥수수 농사를 거드느라 하루 종일 밭에 나가 있었다. 그렇게 힘든 하루를 보내고 오면 저녁식사 후 잠들 때까지 반드시 3시간 정도 밀린 공부를 했다. 아무리 젊다지만 10대 청소년에게 만만한 일이 아니다. 대학생이던 나도 담배 밭에서 일을 하고 나면 힘들어 죽을 지경이었다. 그런데도 그 여학생은 매일 농사일을 마치고 집으로 돌아오면 공부를 하고 잤다.

　도대체 그런 힘은 어디서 나오는지 궁금했는데, 간호사 이야기를 신나서 하는 것을 보고 이해가 되었다. 그 여학생의 꿈은 단순한 기대가 아니라 반드시 이루고야 말겠다는 명확한 목표였고, 매 순간 가슴 뛰게 만드는 열정의 원천이었다. 일상이 아무리 힘들어도 그 꿈을 생각하면 기쁜 마음으로 공부할 수 있었던 것이다.

농활 기간이 끝나고 돌아와서 그 여학생에게 30여 권의 문제집을 택배로 보내주었다. 당시 외삼촌이 학원을 운영하셔서 다양한 문제집을 쉽게 구할 수가 있었다. 그 학생이 꿈을 이루는 데 조금이나마 보탬이 되고 싶었다. 그 학생으로부터 감사하다는 손편지를 받고 이루 말할 수 없이 기분이 좋았다. 하지만 그 여학생을 통해 오히려 내가 더 큰 자극과 영감을 얻었다. 진짜 꿈을 가진 사람의 눈빛이 어떤지, 열정이 사람의 일상을 얼마나 행복하게 만들어 주는지 그녀를 통해 배울 수 있었다.

꿈을 생각하면 가슴이 떨릴 것이다. 진정으로 자신이 원하고, 자신이 가고자 하는 목표이기 때문이다. 꿈이 이루어진 미래로 미리 가서 여러 상상을 해보면 더 큰 자극을 받게 된다. 예를 들어 '하와이에 가고 싶다.'는 꿈을 가지고 있다고 가정하자. 하와이에 가서 수영을 하고, 해변의 썬베드에 누워 일광욕을 즐기는 자신의 모습을 상상해 보는 것이다. 이처럼 꿈이 이루어진 모습을 실감나게 상상함으로써 더 큰 동기부여를 스스로 만들어낸다.

공부도 이렇게 해보도록 하자. 단순히 '이번 시험에서 우리 반 1등을 하겠다.'는 목표를 세우는 데 그치지 말고, 시험에서 1등을 한 후 성적표가 나오는 날 선생님으로부터 '칭찬 받는 나', 친구들의 '환호를 받는 나'를 상상해 본다. 그런 장면을 머릿속에 그려보는 것만으로도 얼마나 가슴이 뛰고 행복한 일인가. 특히 공부가 힘들 때, 진도가 안 나가고 이해가 잘 되지 않을 때는 더 절실하게 이런 꿈을 상상하자.

자신의 꿈이 이루어질 것이라는 확신을 가져야 한다. 자신의 '미래'를 향해 나아가는 데 '자극'이 되는 사람을 만나고, 그런 장소에 직접 가 보도록 한다. 반에서 1등을 하는 친구와 자주 이야기하고, 열심히 공부하는 친구들을 보며 자극을 받는다. 멋진 대학에 들어가는 것이 목표라면 그 대학 캠퍼스에 최소한 한 번은 직접 가 보도록 한다. 실제로 가서 캠퍼스 공기를 맡고, 그 대학 학생이 된 자신의 모습을 앞당겨 체험해 보는 것이다.

이처럼 꿈은 구체적이고 명확할수록 의식 속에 더 선명하게 각인된다. 직접 가서 보면 상상도 더 구체적으로 할 수 있다. 대학 캠퍼스에 가서 사진도 많이 찍고, 서울의 신촌과 홍대 앞에 가서 대학생이 된 기분도 한 번쯤 맛보도록 한다. 이때 느낀 기분을 머릿속에 기억해 두고 수시로 꺼내 본다. 그렇게 하면 심장이 두근거리는 것을 느낄 수 있을 것이다.

7 조급해하지 않는다

사람들은 불가능이라는 단어를 너무 쉽게 받아들인다. 잘될 가능성을 찾아 노력하기보다는 잘 안 되는 이유를 찾느라 시간을 허비한다. 공부할 때도 마찬가지다. 성적 올리는 것을 포함해 무언가를 이루려고 목표를 세울 때 '과연 내가 해낼 수 있을까?' '에이 딱 5점만 더 받는 것으로 목표를 잡아야지.' 라며 턱없이 낮은 목표를 설정한다. 처음부터 잘 안 될 것이라고 단정하고 목표를 너무 낮게 세우면 그 목표를 달성하더라도 만족하기 힘들다. 그러면 어떻게 해야 우리의 나쁜 친구 '불가능'을 멀리하고, 멋진 친구 '가능성'과 친해질 수 있을까?

일단 공부는 싫은 것이라는 생각을 머릿속에서 몰아내야 한다. 그러기 위해서는 스스로의 노력도 필요하지만 주변의 도움이 더 많이 필요하다. 특히 부모님이 매일 공부하라고 잔소리하고, 시험점수가 좋지 않을 때마다 혼을 내면 학생의 머릿속에 '공부는 싫어.'라는 생각이 자리 잡게 된다. 공부는 싫다는 생각이 머릿속에 들어차 있으면 공부를 열심히 해서 목표를 이루겠다는 각오는 들어설 자리가 없게 된다.

학생들에게는 응원과 격려가 필요하다. 아이의 시험점수가 좋지 않아도 이해해 주고, 따뜻하게 위로해 주어야 한다. 그들의 고민을 들어주고, 공감하고, 이해해 줄 때 비로소 아이들의 머릿속에 '공부는 즐거운 것'이라는 생각이 들어설 자리가 생긴다.

부모가 시험을 잘 못 본 아이에게 '괜찮아, 다음 시험은 잘 보면 되지.'라는 식으로 말하는 것도 좋지 않다. 본인이 괜찮지 않은데 부모가 괜찮다고 하는 말 자체가 아이에게는 상처가 되고, 자칫 부모의 입장을 강요하는 것이 될 수 있기 때문이다. 그냥 '시험 보느라고 힘들었지? 들어가 푹 쉬어.'라는 말만으로도 아이에게는 큰 위로가 된다. 제일 좋은 위로는 현실을 그대로 인정하고, 따뜻한 시선으로 아이를 바라봐 주는 것이다.

8개월 정도 지도한 어느 여학생을 다시 만났다. 24살 어엿한 아가씨가 되어 있었다. 고등학교 2학년 때 처음 만났는데 전반적인 성적이 70점대로 나쁘지는 않았다. 조금만 칭찬하고 격려해 주면 숙제도 잘 해오고, 매사에 열성적이었다. 그런데 어느 날 이학생이 공부를 접고 학원을 그만두겠다고 했다. 승무원이 되기로 마음먹었다는 것이었다. 자기가 알아보니 굳이 높은 성적이 필요 없어서 승무원 준비 학원에 다니며 토익 공부를 하겠다고 했다.

그렇게 말할 때 여학생의 눈빛은 반짝반짝 빛났다. 단순히 공부가 싫어서 현실 도피용으로 내세운 꿈이 아님을 느낄 수 있었다. 그래서 응원을 하며 보내주었고, 그 학생은 어느 전문대 승무원학과에 합격했다. 그리고 전문대를 마치고 아시아나 항공에 취업해서 근무하게 되었다. 그런데 직장생활을 해보니 자신이 생각했던 삶과 달랐다. 자기는 승무원이 되면 비행기를 타고 세계 곳곳을 돌아다닐 거라 생각했는데, 정작 자신이 맡은 일은 공항청사에서 여기저기 뛰어다니며 허드렛일을 하는 것이었다. 자신이 꿈꾼 삶이 아니었다.

결국 2년 뒤 직장을 그만두고 곧바로 다른 일을 알아보았다. 이번에는 비서 일을 하기로 마음먹었다. 스펙을 쌓기 위해 영어 공부와 중국어 공부를 해서 자격증도 땄다. 그리고 좋은 성적으로 LG전자에 취업이 되었다. 하지만 그렇게 공들여 들어간 LG전자에서도 만족하지 못하고 2년 만에 퇴사했다. 그리고 다시 승무원이 되기 위한 준비를 시작했다. 자신의 진짜 꿈을 위해 한 번 더 도전한 것이다. 사회 경험을 통해 항공기 승무원이 되려면 무엇이 필요한지 알게 되었고, 그래서 더 치열하게 준비했다.

그녀의 표정을 보고, 하는 말을 들어 보면 불가능의 그림자도 얼씬거리지 않았다. 무엇이든 자기가 꿈꾸고 간절히 원하면 이룰 수 있다는 강력한 믿음이 넘쳐났다. 그런 믿음이 당당한 자신감을 안겨 주고, 꿈을 향해 달려갈 수 있는 열정과 에너지를 만든다.

나의 고등학교 3학년 시절도 '꿈 의지'로 넘쳤다. 아침 6시면 일어나 학교로 가고, 야간자율학습에 새벽 1시까지 독서실, 그리고 집에 오면 새벽 3시에야 잠이 들었다. 지금 생각하면 도대체 사람이 할 수 있는 일이 아니다. 하지만 그때는 죽을 만큼 힘들지는 않다고 생각했다. 왜냐하면 이루고 싶은 목표가 있었기 때문이다. 반드시 대학에 들어가고 싶었고, 그러기 위해 부족한 공부를 채워야 했다.

삼성에서 퇴사하고 학원 강사가 되었을 때도 마찬가지였다. 이루고 싶은 목표와 꿈이 있었기에 밤새워 수업 준비를 하고 수학 문제를 풀었다. 오후 2시에 출근해서 새벽 1시에 퇴근하면 그때부터 뜬눈으로 강의 준비를 했다. 시험기간 한 달은 하루도 쉬는 날 없이 근무했다. 누가 시켜서가 아니라 그래야만 했다. 나의 꿈을 위해, 내가 이루고자 하는 목표를 향해 마음과 몸이 저절로 움직였다. 그리고 3년 만에 나는 억대 연봉 수학 강사가 되고, 몇 년 뒤에는 베스트셀러 작가 대열에도 들어가게 되었다.

공부하겠다는 의지를 키우는 것은 나중의 일이다. 여러분의 '꿈 의지'를 키우는 게 먼저이다. 확고한 꿈을 생각하며 가슴 설레고 심장이 두근거려야 한다. 설레는 마음으로 살아가면 매 순간이 얼마나 행복하고, 얼마나 가치 있는 삶이 되는지 모른다.

이처럼 꿈을 생각하며 살면, 그 꿈을 이루기 위해 시간과 노력을 투자하게 된다. 그것이 공부일 수도 있고 또 다른 경험과 체험일 수도 있다. 신기하게도 그렇게 시작한 과정은 고통스럽거나 좌절감을 안겨 주지 않는다. 올림픽 선수가 선수촌에서 힘든 연습을 견딜 수 있는 것은 바로 이 '꿈 의지'가 단단하기 때문이다. 선수는 다음 올림픽에서 금메달을 따는 자신을 상상하고 그날을 위해 땀을 흘린다. 전교 1등을 하는 학생들도 그들 나름대로 멋진 '꿈 의지'를 갖고 있는 경우가 많다. 이들은 앞으로 멋진 대학 생활을 하고, 외교관이 되고, 로봇 공학자가 되는 등 그들만의 꿈을 키우고 있다.

공부를 위해 하는 수 없이 다른 것을 포기해야 한다는 부정적인 생각보다는 자신이 정말 하고 싶은 것을 위해서 공부한다고 생각하라. 당장 영화를 보고 친구들과 노는 것보다 진짜 자신이 원하는 큰 꿈과 미래를 위해 공부한다고 생각하는 것이다. 이처럼 자신의 마음을 설레게 만드는 '꿈 의지'를 찾아서 이를 단단히 키워 나가자. '꿈 의지'를 키우면 '공부 의지'는 따라서 커진다. 성과가 금방 나오지 않는다고 조급해하지 말자. 지금 여러분은 꿈을 위해 아주 빠르게 달려가고 있는 것이다.

행복은 성적순이 아니라 열정순이다.

Chapter

02

혼자 공부하는
습관을 기른다

1 나에게 맞는 공부법을 찾는다

공부법에 대해 연구할수록 답을 찾기가 더 힘들어지는 시기가 있었다. 공부법이란 게 사람마다 적용되는 범위가 다르고, 효과도 개인마다 차이가 있기 때문이다. 그렇다고 수많은 경우들을 일일이 분류해서 정리하기는 불가능하다. 그러다 진짜 해답이 어디 있는지 깨닫게 되었다. 그것은 모든 학생에게 맞는 공부법을 찾으려고 하기보다는 학생 개개인을 온전히 이해하고 받아들이는 것이 더 중요하다는 사실이었다.

많은 선생님이나 학원 강사, 부모님들이 아이들을 너무 쉽게 판단해 버리는 경향이 있다. 판단의 근거도 너무 단순하다. 몇 번의 시험결과, 평소에 하는 행동과 말투, 숙제를 해 오는 정도 등 틀에 박힌 기준을 가지고 학생을 판단하는 것이다. 자신의 편견 속으로 아이들을 가두고, 그런 판단을 근거로 아이들에게 공부법을 알려준다. 공부는 이렇게 하고, 숙제는 저렇게 하고, 계획은 어떻게 세우라고 말한다. 그대로 따라 하지 않으면 꾸중하고 말을 들으라고 다그친다. 이는 결코 올바른 공부법이 아니다. 어떻게 하라고 다그치고, 효율적인 공부법이라고 강요하기 전에 먼저 아이들을 있는 그대로 바라보는 노력이 필요하다.

내가 근무하던 학원의 원장이 교무실로 찾아와 어떤 학생이 전반해 올 것이라며 이렇게 덧붙였다.

"숙제도 너무 안 해오고, 공부할 의지가 없는 학생이라 경고를 세 번 주고 퇴원시키려고 했는데, 아이 어머니가 하도 부탁해서 마지막 기회를 주기로 했다네. 크게 신경 쓰지 말고 적당히 관리해 주다가 퇴원시키는 걸로 하자고."

참 우스꽝스럽고 어처구니없는 말이었다. 퇴원시킬 학생에게 마지막 기회를 주자고 하면서 사실은 그 아이를 포기한다는 말을 하는 것이었다. 나는 그 말에 별로 개의치 않았다. 사실 그 학생만 '특별 관리' 하기가 더 힘들기 때문이다. 나는 한 반에 있는 학생은 모두 동일하게 대한다. 다만 학생의 수준을 파악한 다음 각자 수준에 맞춰 숙제 분량을 조정해 주고 숙제 난이도를 맞춰 줄 뿐이다.

나는 그 학생이 숙제를 잘 해오지 않는다느니 하는 선입견은 애초에 갖지 않고 수업에 임했다. 나는 숙제를 연습장에 해오도록 한 다음 그것을 모아서 검사한다. 처음 그 학생의 숙제를 검사해 보니 예상대로 100% 양을 채우지 않았다. 그래서 다른 학생들에게 하듯 숙제 끝에다가 코멘트를 적어 주었다.

'아주 굿이야. 내용이 어려운데도 열심히 하려고 한 흔적이 있는 걸. 숙제 양이 너무 많아서 다 못하면 앞부분 내용만 공부하게 되니 다음 숙제부터는 홀수만 풀어오는 걸로 해보자. 어려운 건 표시해 두었다가 언제든지 질문하고. 자 힘내고 파이팅!'

'와우. 애야, 이번 숙제는 완전 많이 했는 걸. 대박이야. 홀수도 많다 싶으면 일단 유형별로 두 문제씩 풀고 난 후, 부족한 유형은 한 문제씩 더 풀어오는 걸로. 오케이?^^ 잘하고 있으니까 부지런히 꼼꼼히 힘내서 파이팅!'

그 아이의 숙제를 점검할 때마다 매번 그에 맞는 코멘트를 해주며 최대한 잘할 수 있도록 격려하고 응원했다. 큰 변화를 기대하고 이런 관리를 하는 것은 아니다. 누구에게나 당연히 진행되는 나만의 관리법인데 결과는 놀라웠다. 아이가 숙제를 제대로 해오기 시작한 것이다. 그리고 학생 어머니의 감사 전화까지 이어졌다. 집에 오면 핸드폰만 들여다보던 아이가 책상에 앉아서 수학 숙제를 한다는 것이었다.

그 학생은 1년 넘게 세 명의 강사를 거치면서 단 한 번도 숙제를 제대로 한 적이 없다고 했다. 그런데 왜 나에게 와서는 숙제를 해오고 공부를 하기 시작한 것일까? 그 학생을 가르치던 시절에 나는 나만의 학습 시스템과 동기부여 방법에 자부심이 넘쳤다. 숙제 분량을 학생 수준에 맞게 내주고, 효율적인 학습법을 연습장에 지속적으로 코멘트 하는 식으로 적어 주었다. 그런 나만의 학습 시스템이 효과를 낸 것이라고 생각했다. 하지만 나중에 그 학생으로부터 들은 이야기는 감동적이었다.

"선생님이 연습장에 '잘하고 있어.' '힘내 파이팅!' 이라고 써 주실 때마다 힘이 나고 왠지 공부를 해야 되겠다는 의욕이 생겼어요. 욕심까지는 아니지만, 할 수 있다는 자신감이 생기고 항상 응원하며 믿어 주시는 선생님에게 잘 보이고 싶었어요."

물론 나의 교수 시스템도 많은 역할을 했을 것이다. 하지만 그보다 더 중요한 것은 내가 학생을 있는 그대로 믿고 응원해 주었기 때문에 그런 결과가 가능했던 것이다. 처음 원장이 한 말처럼 '숙제를 전혀 안 해올 학생' '전혀 공부하겠다는 의지가 없는 학생'이라는 선입견을 가지고 접근했다면 그런 결과가 나왔을까? 그 학생의 주변에는 항상 그를 믿지 못하고, 숙제를 안 해오면 어떻게 하겠다는 식의 경고와 협박을 일삼는 어른들이 있었다. 아이의 수준이 어떻고, 어떤 과정으로 공부해야 좋을지에 대해서는 무관심한 환경만 가득했던 것이다.

학생을 온전히 믿고 바라봐 준다는 사실만으로 학생에게 맞는 공부법을 찾아갈 수 있는 길이 열린다. 그리고 학생 스스로 자연스럽게 자신만의 공부법을 깨닫고 실천해 나갈 수 있게 된다. 이것이 바로 자신에게 맞는 공부법이다.

학생이 온전히 자신에게 맞는 공부법을 찾기 전, 공부에 흥미를 갖기도 전에 어른들이 일방적으로 공부법을 주입시키려고 하는 것이 문제이다. 그런 식으로 어려서부터 아이에게 너무 강압적인 학습을 시키는 것이다.

초등학교 1학년 자녀를 둔 지인이 있다. 그 사람은 큰 딸이 초등학교에 들어가자마자 새벽 6시에 깨워 한 시간 동안 수학 문제를 풀게 했다. 수학을 마치면 30분 동안 영어 공부를 시켰다. 이런 식으로 아침 공부가 끝나면 아침식사를 먹여서 학교로 보냈다. 그리고 학교에서 돌아오면 여러 과목의 학원에 보냈는데 모두 7곳이나 되었다. 초등학교 1학년에게는 너무도 빡빡한 삶이었다. 나라면 못 버틴다.

아이의 지도법이 너무 심하다고 한 마디 하면 그 사람은 "같은 아파트 학부모들도 다 그렇게 시키고 있어요. 이렇게 어릴 때부터 공부하는 습관을 키워 줘야 나중에 대학입시 공부를 제대로 할 수 있어요." 라고 했다. 도대체 무슨 습관을 말하는 것인가? 물론 이해가 안 되는 건 아니다. 주변에서 다들 그렇게 공부를 시키니 자기 아이가 뒤떨어지지 않게 최선을 다하고 있다고 생각할 수 있다. 그러나 학원 강사를 하면서 경험한 바로는 이렇게 어린 나이부터 과도한 학습을 한 학생들 중에는 생각처럼 성과가 나오지 않고, 오히려 부정적인 결과가 나오는 경우가 많았다.

참 착한 심성을 가진 남학생이 있었다. 그런데 신입생으로 온지 일주일도 안 되어 여러 가지 일들이 일어났다. 그 아이는 당시 컴퓨터 오락에 빠져 있었다. 그래서 학원에 결석을 자주 하고 숙제도 잘 해오지 않고, 그 때문에 어머니와 다투는 일이 자주 발생했다. 여기까지는 어머니의 말이다. 그래서 날을 잡고 그 학생과 상담을 가졌다.

PC방에 가느라고 학원에 오지 않은 것을 혼내지는 않았다. 나는 학원에 오기 싫거나 안 오는 경우에는 선생님에게 미리 연락하는 게 도리라는 말로 상담을 시작했다. 학생은 공부가 너무 하기 싫다는 말을 반복했다. 아이가 공부를 싫어하는 이유를 찾기 위해 더 깊은 상담을 했다. 그러자 그 아이는 어린 시절에 공부가 싫어지게 된 사정을 이야기했다.

그 아이는 초등학교 때부터 새벽 두세 시까지 공부했다. 학교 수업을 마치면 밤 10시까지 학원을 전전하다 집에 왔다. 그러면 그때부터 학원 숙제를 비롯해 어머니가 추가로 구입한 문제집까지 새벽 늦게까지 공부를 시켰다. 당시에는 '어머니가 당연히 옳고, 그렇게 공부하는 것이 맞겠지.'라는 생각으로 힘들어도 참고 했다는 것이다. 그러나 중학생이 되면서 그런 삶이 얼마나 힘들고 자신에게 도움이 안 되는지 느끼기 시작했다고 한다. 그때부터 모든 것이 틀어지기 시작했다. 어머니가 하는 말은 다 싫고, 공부하라는 말만 들어도 질색을 하게 되었다.

그때부터는 어떤 학원을 가더라도 숙제를 일체 하지 않았고, 어떤 과목에 대해서도 흥미라고는 찾을 수 없고, 찾고 싶지도 않았다. 어머니의 잔소리는 더 늘고, 주변의 어른들은 성적 떨어지는 것에 화를 내고 공부 이야기만 했다. 그럴수록 그는 매사에 더 부정적이 되고, 급기야는 숨 쉴 공간을 찾아 PC방을 전전하며 컴퓨터 오락에 빠져들었다. 그러다 고등학교 3학년이 되자 이제라도 마음 잡고 공부해야겠다는 생각으로 나에게 온 것이었다.

그 학생과 정말 많은 이야기를 나누었고, 학생 어머니와도 많은 상담을 진행했다. 그리고 그에게 맞는 공부법을 찾아주기 위해 함께 노력했다. 방법은 단순하다. 하루에 6시간 컴퓨터 오락을 했다면 그 중에서 딱 1시간만이라도 공부하고, 나머지 5시간은 편하게 오락을 즐기라는 것이었다. 숙제 양도 그에게 맞게 진행했다. 그렇게 하면 오히려 그 학생이 "선생님 숙제가 너무 적지 않나요? 이것만 해도 성적이 나와요?"라고 반문했다. 그럼 나는 이렇게 대답했다. "응, 선생님이 찍어준 것만 반복해서 풀어오면 돼. 지금까지는 이 정도도 안 했잖아?"

공부에 흥미라고는 없고, 자신만의 공부법이 어떤 것인지 모르는 학생에게 숙제를 많이 내주어도 아무 소용이 없다. 과목별로 필요한 문제를 추리고, 학생에게 맞는 문제를 우선 풀도록 하면서 조금이라도 성과를 내도록 하는 게 좋다. 학생 스스로 할 수 있다는 자신감을 가지면 그때부터는 본인이 알아서 공부 양을 늘리고 성적을 올리겠다는 욕심을 갖게 된다. 이 모든 과정이 주위의 어른들이 학생을 온전히 믿어 주는 데서 시작한다.

어린 시절에 공부 습관을 심어 주겠다고 강압적으로 공부를 시키는 것은 좋은 방법이 아니다. 그보다는 독서를 하거나 만화책을 읽으라고 하고, 영화를 보여주고 여행 등 호기심을 자극하는 경험을 많이 시키는 것이 좋다. 억지로 공부시킨다고 공부 습관이 만들어지지 않는다. 진짜 올바른 습관은 몸이 아니라 마음으로 익히는 것이다.

학생들은 자신에게 맞는 공부법을 찾기 위해 다양한 경험을 하는 게 필요하다. 그리고 부모는 자녀를 믿고 응원해 주도록 한다. 아이들 스스로 '어떤 공부를 하나?' '왜 공부를 해야 하나?'에 대한 답을 찾도록 격려해 주는 것이 중요하다. 무조건 공부하라고 닦달할 게 아니라, 인내심을 가지고 아이들에게 공부하는 '목적'을 스스로 느끼게 해주라는 말이다. 그것이 학생들 스스로 자신에게 맞는 공부법을 찾아 좋은 성적을 낼 수 있도록 하는 지름길이다.

⅋2 자신의 실력을 정확히 파악한다

'적을 알고 나를 알면 백전백승'知彼知己 百戰不殆이라고 했다. 특히 자신을 아는 것이 무엇보다 중요하다. 내가 가진 것, 나의 장점, 나의 현재 위치를 정확히 알아야 대응전략이 나오고, 미래를 구체적으로 계획할 수 있다.

항상 열심히 공부하는 학생이 있었다. 자습실에서 성실하게 공부하는 모습이 너무 기특해서 수시로 격려해 주었다. 시간 나는 대로 찾아가 질문을 받아주기도 했다. 내가 찾아가면 그 학생은 여지없이 질문을 했다. 그런데 그 질문이 의외였다. 그 학생의 수학 실력은 6등급 정도, 모의고사 40점대였는데 질문하는 내용이 모두 최상위 등급의 문제였다. 물론 그런 문제를 질문할 수도 있다. 하지만 그 학생 실력으로는 도저히 풀기 어려울 뿐만 아니라 설명해도 쉽게 이해되지 않을 문제들이었다.

한 계단씩 차근차근 올라가는 게 중요하다. 나는 그 학생에게 최상위 1등급 4점짜리 문제는 풀지 말고, 우선 2점, 3점짜리 문제들로 기초와 응용력을 단련한 다음 4점짜리를 풀자고 타이르고 지도했다. 2주 뒤에 찾아가 문제집을 확인해 보니 여전히 4점짜리만 풀려고 한 흔적이 보였다. 2점, 3점을 풀며 기본기를 쌓기에는 수능시험까지 남은 시간이 부족하고, 어서 성적을 올려야 한다는 강박증에 사로잡혀 있었던 것이다.

그 학생의 성실성과 자신감은 높이 살만하다. 하지만 공부에는 순서가 있고, 제일 시급한 것은 기본기를 쌓는 일이다. 기본기가 없는 상태에서는 응용문제와 고난도 문제를 풀 수 없을 뿐만 아니라 해설도 이해하지 못한다. 그런 식으로 공부를 계속하면 시간만 허비한다. 자신에게 맞지 않는 공부법은 돌이킬 수 없는 결과를 낳을 수 있다. 결국 그 학생은 대학입시에 실패했다.

수학을 비롯한 모든 과목에서 가장 중요한 게 기초부터 탄탄히 다지는 일이다. 시간이 없다고 초조한 마음에 이를 간과하면 중요한 문제를 놓치게 된다. 기초와 기본이 탄탄한 학생은 응용문제와 고난도 문제를 특별히 많이 다루지 않아도 풀 수 있는 실력이 자연스럽게 생긴다.

아무리 문제를 많이 풀며 공부해도 실력 향상이 잘 안 된다면 잠깐 멈추고 먼저 자신의 위치를 분석해 봐야 한다. '내가 기본기가 부족한가?' '어떤 부분을 놓치고 있는 것이지?' '내가 공부한 내용 중에서 기억하지 못하는 것이 있는 게 아닐까?' 등의 질문을 스스로 하고, 하나하나 적어가며 점검한다. 이런 점검을 통해 자신의 위치와 실력을 정확히 파악해야 공부 전략을 제대로 짤 수 있다.

앞에서 언급한 그 학생의 경우도 나름대로 이해는 된다. 수학의 경우 100점 만점에서 4점짜리의 비율이 52점이고, 2점과 3점을 합쳐 48점이다. 언뜻 보기에 4점짜리 배점이 많고, 또 한 문제당 4점으로 점수가 높으니 4점짜리 문제를 공부하는 것이 효과적이라고 생각할 수 있다. 그러나 2점, 3점짜리 문제를 풀 수 없는 실력으로는 4점짜리 문제를 제대로 공략하지 못한다. 반면 3점짜리 문제만 파고들어 반복하고 완벽하게 습득하면 4점짜리를 굳이 연습하지 않더라도 풀 수 있는 내공이 생긴다.

성적이 좋은 편인 한 학생은 고난도 문제에 대한 두려움이 많았다. 기본 개념과 필수 해법이 탄탄히 잡혀 있어 어느 수준의 성적은 꾸준히 받을 수 있었지만 그 이상이 문제였다. 더 잘할 수 있음에도 어려운 문제를 만나면 끝까지 물고 늘어지는 경우가 거의 없고, 적당히 풀다 안 되면 해설을 보고 넘어갔다.

이순신 장군을 그린 영화 '명량'을 보면 압도적인 전력을 갖춘 왜군과의 결전을 앞두고 이순신 장군이 아들과 저녁을 먹으며 대화를 나누는 장면이 있다. 대화 중에 "우리 군이 왜군에 대해 가진 공포와 두려움을 용기로 바꿀 수만 있다면 승리할 수 있다." 라고 말하는 장면이 있다. 나는 '고난도 문제를 만났을 때의 막막한 심정을 문제를 풀고 말겠다는 집요함과 자신감으로 바꿀 수만 있다면 성공할 수 있다.'는 생각으로 그 학생을 지도했다.

물론 학생이나 가르치는 강사의 입장 모두에서 쉬운 일이 아니었다. 자신의 실력을 제대로 파악하는 게 말처럼 쉽지 않다. 자신의 실력을 온전히 파악해야 자신감이 생기고, 무엇을 보완할지 대책이 보인다. 나는 학생 스스로 본인의 실력을 믿고 자신감을 갖도록 해주기 위해 자주 상담을 하고, 문제 난이도를 조절하면서 조금씩 나아갔다. 힘든 과정이지만 결국 그 학생은 수능시험에서 수리영역 만점을 맞았다.

사실 그 학생은 처음 내 수업을 들으러 왔을 때 이미 수능시험에서 만점을 받을 수 있는 수준의 실력을 갖추고 있었다. 문제는 자신이 그런 사실을 모르고 불안해한다는 점이었다. 자신의 약점을 분석하는 것만이 자신을 제대로 파악하는 게 아니다. 자신이 잘하는 부분에 대해서도 제대로 아는 것이 중요하다. 그래야 자신감이 넘치고, 온전히 제 실력을 발휘할 수 있다.

초등학교, 중학교, 그리고 고등학교 2학년 때까지 실컷 놀고 나서 고등학교 3학년이 되어서야 공부를 시작해 보겠다며 나를 찾아오는 학생들이 많다. 그 가운데 한 학생은 마음자세 만큼은 훌륭했다. 공부하고자 하는 열의가 넘쳤다. 그래서 차곡차곡 쉬운 개념부터 시작해 수능 필수 문제로 나아갔다. 쉽지 않았지만 6개월 정도 시간이 흐르자 기본 문제는 술술 푸는 실력이 되었다.

그런데 이때부터 이 학생의 마음 자세가 흐트러지기 시작했다. 어느 정도 기본기가 쌓였다는 생각이 들자 욕심이 생긴 것이다. 언제부터인가 어려운 문제를 질문하기 시작했다. 내가 "아직 이 문제를 풀 때가 아니야. 대신 위에 있는 문제를 풀어 보자."라고 하면 투정하듯 그 문제를 풀어 달라고 했다. 그럼 나는 "단계가 있어. 아직 이 문제를 풀 정도는 아니야."라고 설득했다.

점점 투정부리는 횟수가 늘고, 모의고사를 보면 손도 대지 못할 고난도 문제를 푸느라고 정작 풀 수 있는 문제를 틀리는 경우가 자주 생겼다. 나는 학생들에게 시험 칠 때 풀지 못할 문제는 일단 포기하고, 풀 수 있는 문제부터 먼저 푼 다음 어려운 문제로 되돌아가라고 지도한다. 그래야 풀 수 있는 문제를 실수 없이 풀 확률이 높아지기 때문이다.

예를 들어 수능시험에서 수리영역 21번과 30번 문제가 제일 어려운데, 30번 문제를 풀려면 30분 정도의 시간을 써야 한다. 이 시간을 다른 문제 푸는 데 효율적으로 활용하면 더 높은 점수를 맞을 수 있다.

처음에는 내 말에 잘 따르던 그 학생이 다르게 행동하기 시작한 것도 충분히 이해가 되기는 했다. 그러나 아직은 단계가 아니었다. 그 단계를 차곡차곡 극복해야 응용문제와 고난도 문제를 풀 수 있다. 절대로 조급해하면 안 된다. 초심을 잊으면 안 되는 것이다. 자신의 실력과 위치를 정확히 파악하고, 나아지고 있다는 믿음을 가져야 한다.

다행히 그 학생은 수능에서 좋은 성적을 받아 대학에 입학했다. 처음 내게 왔을 때 점수가 20점대였는데, 수능에서 70점대의 점수를 맞았다. 그리 높은 점수라고 할 수 없을지 모르지만 본인의 만족도는 대단했다. 그 학생으로서는 평생 한 번도 맞아 본 적 없는 높은 점수였다.

이처럼 공부할 때는 자신의 부족한 부분을 파악하는 것과 함께 강점을 찾는 것이 중요하다. 그리고 처음 공부를 시작할 때의 초심을 잊으면 안 된다. 성적이 빨리 오르지 않는다고 조급해하며 투정을 부려서도 안 된다. 온전히 자신의 위치를 받아들이고, 나아지고 있다는 믿음을 가져야 한다. 이런 믿음이 없이는 실력이 나아질 수 없다.

공부할 때 가장 든든한 응원군은 바로 자신임을 잊지 말아야 한다.

3 혼자 공부하는 습관을 기른다

시험은 홀로 치르는 전쟁이고 축제 같은 것이다. 치열하게 치르는 전쟁을 통해 자신이 원하는 결과를 얻어내는 성취의 축제이다. 중요한 것은 이 과정에서 모든 것을 혼자 선택하고 결정해야 한다는 점이다. 그렇기 때문에 혼자 공부하는 습관을 키워야한다. 스스로 문제를 파악하고 해법을 도출하는 연습을 수없이 되풀이해야 한다. 질문을 많이 한다고 좋은 게 아니라 알맹이 있는 효율적인 질문을 해야 한다. 스스로에게 던지는 질문이 많아야 한다. 혼자 고민하고 부딪치고 시련에 좌절하기도 하면서 이를 극복하는 과정이 필요하다.

나는 고등학생 시절 학교 수업이 끝나고 진행되는 야간자율학습이나 학원 수업처럼 친구들과 함께 공부하는 시간은 어쩔 수없지만, 주말에는 독서실에 가서 혼자 공부하려고 노력했다. 이때는 친구들과 어울려서 공부하지 않았다. 친구들과 어울리면 놀게 되는 게 겁나서가 아니라 혼자 하는 공부, 혼자 있는 시간이 필요하다고 생각했기 때문이다.

특히 고3 때는 뒤늦게 진짜 공부를 하고 싶었기 때문에 혼자 공부하는 시간을 많이 가지려고 했다. 좋아하는 음악을 준비하고, 공부 중간에 읽을 재미있는 소설책도 준비했다. 물론 맛있는 간식은 필수! 독서실에서 혼자 공부하는 날이면 아침 일찍 발걸음을 옮겼다. 아침 공기가 내려앉은 여유 있는 독서실 공간에 앉아 있으면 그것만으로도 뭔가 이룬 듯한 성취감에 사로잡혔다. 느긋한 마음의 여유와 함께 진짜 공부를 시작했다.

이렇게 혼자 공부할 때는 일주일 동안 풀지 못한 어려운 수학 문제, 일주일 동안 외운 영어단어, 이해하기 어려워서 체크해둔 과학, 사회 과목 문제를 집중적으로 공부했다. 수학 문제 하나를 놓고 몇 시간 동안 끙끙대기도 했다. 그렇게 고민 끝에 문제가 풀리면 그 성취감은 정말 대단하다. 그렇게 얻어낸 것은 쉽게 사라지지 않는다. 어려운 문제를 고민하고 해결하는 과정에서 실력과 내공이 향상된다.

처음에는 혼자 공부하는 시간의 부작용도 없지 않았다. 순간적으로 '멍 때리는' 시간이 생기면 시간 가는 줄도 모르고 그렇게 있었다. 또 너무 졸려서 잠깐 책상에 엎드리면 금세 한 시간 넘게 지나갔다. 당시에는 이런 일들에 대한 대책도 생각나지 않았다. 단순히 집에서 하루 종일 잠만 자는 것보다는 독서실에 나가 조금이라도 공부한다는 것에 큰 의미를 두었다.

이처럼 혼자 공부하다 보면 잡념에 빠져드는 경우가 생긴다. 창밖을 내다보며 하릴없이 시간을 허비하기도 한다. 그럴 때는 단 1초의 틈도 주지 않고 다른 행동이나 생각을 하도록 한다. 자리에서 일어나 화장실을 간다던지, 물을 마시며 잡념을 떨쳐 내는 것이다. 영단어 책을 꺼내 단어를 외우고, 쉬운 수학 문제를 골라서 풀거나 인터넷 강의를 듣는 것도 좋다. 잡념은 시간을 낭비하고 부정적인 생각이 떠오르게 만든다. 애초에 그런 생각이 들지 않도록 방비책을 만들어 놓는 게 좋다.

다른 사람의 간섭 없이 혼자 집중력 있게 공부하려면 공부에 대한 절실함, 간절함을 스스로 키워야 한다. 남에게 끌려다녀서는 제대로 된 공부를 할 수 없다. 공부하기 싫은 날은 쉬는 게 좋다. 학원에도 가지 말고, 집에서 하고 싶은 것을 하는 것이다. 영화를 봐도 좋다. 사람의 마음도 샘처럼 계속 길어 올리면 마를 수 있다. 그럴 때는 샘에 물이 다시 찰 때까지 기다려야 한다. 조급해하면 안 된다. 샘이 마른 상태에서 공부하려고 애써 봐야 제대로 되지 않는다.

내가 이런 이야기를 하면 학생들은 그런 '노는 꼴'을 부모님들이 허락하지 않는다고 한다. 부모가 허락해도 학생 스스로 여유를 갖고 기다리기가 어려울 것이다. 학생은 부모의 눈치를 보지 말고, 부모는 답답하더라도 여유를 갖고 아이를 격려해 주도록 한다. 공부를 해야 한다는 간절함은 아이들도 부모 못지않기 때문이다.

그런 간절함을 키우기 위해 학생도 나름대로 준비하고 노력해야 한다. 혼자 있는 시간에 그런 준비들을 갖춰야 한다. 수학, 국어, 영어 학과목 공부를 하는 것만이 공부가 아니다. 자신의 꿈을 찾아 사색하고 독서하는 것도 멋진 공부이다. 그냥 핸드폰을 보면서 허송세월 하지 말고, 자신의 내면을 들여다보는 시간을 갖도록 한다.

내가 진정으로 하고 싶은 일은 무엇인지, 내가 좋아하는 것은 무엇인지, 앞으로 어떤 삶을 살고 싶은지에 대해 끈질기게 질문하고 고민해야 한다. 그것은 남이 대신 해줄 수 있는 것이 아니다. 온전히 자기 혼자 힘으로 찾아야 한다.

학생을 지도하면서 제일 가슴 아픈 점 가운데 하나는 학생들 스스로 무슨 일을 하고 싶은지, 어떤 사람이 되고 싶은지에 대해 명확히 알지 못한다는 점이다. 많은 학생들이 '무슨 학과를 가야할지, 졸업하면 어떤 일을 하고 살아야 할지 모르겠어요.'라고 말한다. 한 학생의 경우는 수시로 목표가 바뀌었다. 처음에는 경찰대를 간다고 했다가 공군사관학교로 바뀌었고, 공대 보안 프로그래머 학과를 지원하고 싶다는 말도 했다. 사실은 그 학생이 생각하고 정한 것이 아니라 학생의 어머니가 정하는 것이었다.

정작 당사자인 학생은 전혀 그럴 생각이 없는데, 어머니가 그렇게 하니 학생도 따라서 왔다 갔다 하는 것이었다. 그런데 당사자인 학생은 어머니가 정해 주는 목표에 관심도 없고, 그대로 하고 싶은 생각은 하나도 없는 것들이었다. 당연한 일이다. 자신의 꿈을 다른 사람이 정할 수는 없다. 그 어머니도 자식을 위해 고심해서 생각해 낸 목표들이겠지만 정작 중요한 것은 그 학생의 생각이다. 나는 그 학생에게 이제 고등학교 2학년이니 시간을 두고 차분히 생각해 보라고 해주었다. 그리고 시간을 내서 학과목과 무관한 책도 읽고, 가벼운 산책도 하면서 자신의 꿈과 목표에 대해 진지하게 사색하는 시간을 가져 보라고 했다. 목표 없이 막연히 하는 공부는 방향을 잃고 항해하는 배와 다를 바 없다. 어디에 도착할지 모른 채 떠도는 난파선 신세가 될지 모를 일이다. 자기 인생에 대한 책임은 온전히 자신이 져야 한다.

자신의 인생을 가꾸고 다져나가는 것은 자신의 선택과 결정에 달려 있다. 부모나 환경을 탓해서는 안 된다. 그것은 의미 없는 에너지 소모일 뿐이다. 그렇기 때문에 혼자 있는 시간, 혼자 하는 공부 시간을 갖도록 해야 한다. 그렇게 해서 진짜 자신을 찾고 꿈을 찾도록 한다. 그 꿈은 미래에 대한 간절함으로 이어져 더 효과적으로 공부하게 만드는 힘이 된다.

4 맞춤형 전략으로 승부한다

많은 공부법, 공부 전략이 소개돼 있지만 자신에게 맞는 공부법을 찾기란 쉽지 않다. 자신만의 공부 전략을 찾고 계획을 세우는 데 있어 가장 우선시할 것은 바로 지금의 실력을 자신의 책임이라고 인정하는 것이다.

지금 '나의 성적' '나의 실력'은 모두 '내 탓'임을 먼저 인정해야 한다. 변명은 자신을 발전시키는 데 방해가 된다. 남의 탓을 대며 남이 하는 평판을 바꾸려고 하기보다는 자기 자신을 바꾸는 것이 더 쉽고 현명하다. 먼저 이런 자기 인정이 있어야 나만의 공부 전략을 세울 수 있다.

이과생인데 고등학교 2학년 말에 문과 수학으로 변경하기로 결심하고 나에게 수학을 배우러 온 학생이 있었다. 아주 성실하고 열심히 하는 학생이었다. 수학을 좋아하고, 많은 분량의 공부를 소화하고 있었지만 다른 과목의 성적이 형편없다는 것이 문제였다. 성적뿐만 아니라 다른 과목에는 전혀 흥미를 느끼지 못하고, 노력도 하지 않으려고 했다. 어릴 때부터 스스로 만들어놓은 한계가 내면에 깊이 자리 잡고 있는 것이었다. 수능까지 10개월 남은 상황이었는데 상담을 통해 국어, 영어 공부에 대해 개선할 점을 찾아보려 했지만 좀처럼 나아지지 않았다.

수학을 제외한 다른 과목에 흥미를 찾아 공부하기에는 시간이 너무 부족했고, 학생의 의지도 따라와 주지 않았다. 그래서 고민 끝에 내린 결정이 두 과목만 1등급 만들기였다. 경기권의 모 대학에 수능 두 과목의 점수만 따지는 전형이 있었다. 그 학생에게 그것이 '딱' 적합한 목표라는 제안을 했고, 학생도 좋다고 했다.

그 학생도 모든 과목의 성적을 끌어올릴 수 없다는 점과 자신이 공부도 열심히 하지 않는다는 사실을 인정했다. 앞으로도 국어와 영어 과목은 흥미를 갖기 힘들고, 열심히 하지도 않을 것이라는 점을 본인도 인정했다. 하지만 수학과 과학의 한 과목 정도는 열심히 공부할 수 있다고 약속했다. 자신도 그런 부분을 모두 인정하고 공감했다. 이처럼 학생과 강사 사이에 이해와 공감이 이루어진 상태에서 우리는 전략을 세우기로 했다.

실력이 거의 바닥인 상태에서 수능까지 두 과목을 높은 등급으로 만들겠다는 전략이니 쉽지 않은 목표였다. 하지만 당시 상황으로서는 그게 최선의 전략으로 보였다. 그리고 남은 10개월 동안 그 학생과 함께 수학과 생명과학만 집중 공략했다. 수학은 좋아하고 성실하게 공부했기 때문에 점수가 크게 오르기 시작했다. 생명과학도 처음에는 힘들어했지만 암기 위주의 과목인지라 시간이 지나면서 차차 점수가 올랐다.

수능 직전 모의고사에서 수학 2등급, 생명과학은 3등급이 나왔다. 이제 남은 기간은 한 달. 과연 결과는? 기대한대로 그 학생은 수능에서 수학과 생명과학 모두 1등급을 받았고, 목표로 삼은 대학의 경영학과에 합격했다. 두 과목만 본다는 이점 때문에 전국에서 많은 학생들이 지원했지만 그 학생은 두 과목 모두 1등급을 받은 덕분에 쉽게 합격할 수 있었다. 자신의 위치를 온전히 인정하고, 그에 맞는 전략을 제대로 세워 공략했기에 가능한 결과였다.

나는 수업 중에 학생들에게 문제를 풀게 하고는 이런 저런 이야기를 많이 해준다. 그렇게 하는 이유 중 하나는 학생들이 내 이야기를 듣지 않고 문제를 푸는 데 집중하는 훈련을 시키기 위해서이다. 실전 연습 전략에는 이처럼 다양한 훈련이 필요하다. 특히 수능시험 때는 낯선 교실에서 처음 보는 사람들과 모여 시험을 치르게 된다. 어떤 돌발 상황이 생길지 모른다. 그래서 학생들에게 어떤 상황에서도 집중력을 유지하며 본인의 실력을 발휘할 수 있도록 해주려는 것이다.

공부 전략을 세울 때는 다음의 두 가지 사항을 고려한다.

첫 번째는 남의 눈치를 보지 않고 전략을 세우는 것이다. 주변의 친구들이 어려운 문제집을 풀고 있다고 해서 덩달아 따라갈 필요는 없다. 현재 자신에게 필요하고 자기 실력에 맞는 문제집을 골라 부지런히 공부하면 된다.

이런 말을 해도 자기가 공부하는 내용에 대해 불안해하는 학생이 많다. 자기는 학교 프린트를 두 번, 세 번 반복해서 풀고 있는데 옆의 친구는 학교 프린트를 한 번 푼 다음 다른 문제집을 푸는 것을 보면 불안한 생각이 드는 것이다. '어, 나도 프린트는 그만하고 저 문제집을 풀어야 하는 게 아닐까?' '공부하는 게 시험에 안 나오면 어떻게 하지, 다른 문제집도 더 풀어야 하는 게 아닌가?' 등 온갖 불안과 부정적인 생각들로 자신을 채운다.

절대로 그럴 필요가 없다. 처음 정한 목표대로 차분히 공부하면 된다. 필요하면 자신의 목표에 맞게 계획을 일부 수정하고 추가하면 된다. '주변 친구들이 어떤 공부를 하고 있으니까 나도 따라 해야 하는 것 아닌가?'라는 불안감으로 자기 계획을 바꿀 필요는 없다. 수정하더라도 지금 자신이 하는 공부를 마무리한 다음 해도 늦지 않다.

공부 전략을 세우는 데 두 번째로 고려할 사항은 전문가의 조언을 참고하는 것이다. 자신이 택할 전략에는 어떤 것들이 있는지, 자신의 전략이 효과적인지에 대해 학교 선생님이나 학원 강사로부터 조언을 구한다.

고등학교 2학년부터 함께 공부한 한 학생은 하루가 다르게 성적이 향상되고 있었다. 그런데 한 가지 불안 요소가 있었다. 수능을 3개월 정도 남기고 그 학생은 수학의 가장 어려운 문제인 30번을 풀기 위해 본인 스스로 엄청난 노력을 했다. 그런데도 30번에 출제되는 고난이도 문제는 도무지 풀기 힘들었다. 그 때문에 다른 문제까지 실수하는 부작용이 일어났다.

수능 수학 시험의 경우 30번이 가장 어려운 문제에 속한다. 그 한 문제를 풀기 위해 짧게는 30분에서 길게는 40분을 소모하기도 한다. 그 학생은 100점 만점을 목표로 했기 때문에 30번 문제를 공략하려고 했다. 그러나 30번 문제에 100분의 시험 시간 중 40분을 사용하다 보니 다른 스물아홉 문제를 풀 시간이 부족했다. 실수로 틀리는 경우도 발생했다. 더구나 많은 시간을 들여 30번 문제를 풀려고 해도 못 풀고 끝나는 경우가 더 많았다.

수능이 1개월 정도 남았을 때 나는 그 학생에게 30번 문제는 풀지 말라고 권했다. 두 문제를 틀려도 1등급이기 때문에 30번 문제를 버려도 1등급이 되는 상황이었다. 그 학생의 경우는 30번 문제를 푸느라고 애쓰다 다른 문제에서 틀리는 바람에 2등급이 나오는 일이 일어나고 있었다. 그래서 아쉽지만 30번은 포기하고 대신 남은 스물아홉 문제를 확실하게 푸는 전략으로 가자고 했다. 그 학생도 수긍했다. 남은 기간 스물아홉 문제를 100퍼센트 완벽하게 풀 수 있도록 전략을 수정했다. 그리고 수능시험에서 그 학생은 딱 30번만 틀리고, 나머지 스물아홉 문제는 다 맞아 1등급을 달성했다. 그리고 원하는 대학의 학과에 합격했다.

공부할 때 100점 만점만 목표로 잡을 필요는 없다. 100점을 향해 공부해서 100점을 달성하면 좋겠지만, 전략을 제대로 짜기 위해서는 목표가 명확해야 한다. 그리고 자신의 위치에서 최선의 목표가 무엇인지 정확하게 정할 필요가 있다. 무리해서 욕심을 부릴 필요는 없다. 제주도로 여행 가는데 여객기면 충분하지 굳이 전투기를 탈 필요는 없다는 말이다.

자신의 목표에 맞춰 필요한 만큼의 노력을 기울이는 게 현명한 전략이다.

5 기본을 지킨다

《성취의 법칙》The Secret of the Ages의 저자 로버트 콜리어Robet Collier는 "성
공은 매일 반복되는 작은 노력들의 총합이다."라고 했다. 공부도
매일 기본적인 계획들을 차근히 진행하면 성과를 얻을 수 있다.
공부에도 기본이 있다. 자신에게 맞는 공부의 기본과 공부하는
습관을 찾아내 매일 조금씩 꾸준히 실천하면 된다.

현실에 안주하는 삶이 아니라 꿈과 미래에 충실한 삶을 살겠다
고 생각해 보자. 지금 개봉한 영화를 꼭 봐야 하고, 친구와 어제
본 드라마나 유럽 축구 이야기를 하고, 친구 생일을 챙겨줘야 직
성이 풀리는 학생들이 있다. 물론 이런 것들을 하면서 할 공부는
꼬박꼬박 다 하는 학생들도 있다. 하지만 내 경험상 그런 학생은
드물다. 도대체 왜 부모님 결혼기념일이라고 학원에 빠지고 공부
를 멈추는가 말이다.

학생에게 공부는 기본이고 출발점이다. 본인의 꿈을 이루기 위
해 공부는 꾸준히 지속해야 하고, 다른 그 무엇보다도 우선시해
야 한다. 학생이 다른 일로 바빠서 공부를 못했다, 숙제를 못했다
는 것은 말이 되지 않는다. 어머니가 친목회 여행을 간다고 자녀
아침밥을 챙겨주시지 않던가? 아버지가 혼자 세계 일주 여행 가

신다고 적금 깨고 직장을 그만두시던가? 각자의 역할에 충실한 것이 기본을 지키는 길이다. 학생의 기본은 누가 뭐래도 공부이다. 공부는 자신의 꿈을 위해 나아가는 멋진 과정이지 않은가?

학원 확장 이전으로 정신이 없던 시기에 한 학생이 어머니와 상담을 하러 왔다. 이야기를 들어 보니 이미 그 학생은 하고 싶은 전공을 정해놓고 있었다. 동물을 워낙 좋아해 동물 관련 학과를 가겠다고 했다. 꿈이 명확하니 거기에 맞게 공부를 했으리라 생각했는데 전혀 아니었다. 동물 관련 학과가 지방대학에 있는 것을 알고 적당히 공부를 해왔다는 것이다.

그 학생의 꿈이 동물 관련 학과에 가는 것임을 따지려는 게 아니다. 문제는 그 학생이 공부를 제대로 하지 않는다는 점이었다. 학원에 계속 다녔지만 한 번도 숙제를 제대로 해온 적이 없었다. 숙제 관리를 제대로 하지 않는 학원이나 강사도 정말 무책임하다. 아이가 공부를 제대로 하도록 방향을 제시하고 설득하는 것도 강사의 책임이다.

우여곡절 끝에 그 학생을 내가 지도하게 되었는데, 서로 욕심을 부리지 않기로 했다. 상담해 보니 실제로 열심히 공부하겠다는 생각이 전혀 없었다. 꿈이 명확하다고 해서 모든 학생들이 공격적으로 공부를 하는 것은 아니다. 오히려 목표를 너무 낮춰 잡으면 이처럼 적당주의로 나아갈 공산이 크다. 그처럼 공부하기 싫어하는 학생에게는 숙제를 해오라고 아무리 타이르고 겁을 줘도 통하지 않는다. 그렇다면 어떻게 해야 하는가? 이때는 '최소한의 기본' 만큼은 하자고 설득하는 것이 좋다.

나는 그 학생의 이해도와 부정적인 태도에 맞춰 진도도 차분하게 진행했다. 판서 수업이 아니라 첨삭으로 진행되는 수업이기에 개인의 성향에 맞출 수 있었다. 그리고 숙제도 수업시간에 함께 공부한 문제를 다시 풀어오도록 했다. 문제 수도 10문제에서 20문제 내외였다. 고등학생의 수학 숙제라고 하기에는 턱없이 부족한 양이겠지만 그 학생에게는 그것으로 충분했다. 바로 이것이 내가 말하는 기본이다. 어떤 개념을 이해하고 적용하는 데 필요한 문제 수는 굳이 많을 필요가 없다. 딱 필요한 핵심 문제라도 풀게 하는 것이 중요하다.

그 학생은 이 적은 양의 숙제도 해오지 않았다. 나는 그렇다고 학생을 혼내기보다는 다독이고 설득해 나갔다. 한 주, 두 주가 지나고 학생과 소통하는 시간이 어느 정도 늘자 편하게 대화가 이루어졌다. 우리 사이에 친밀감이 형성된 것이다. 이 친밀감을 토대로 상호신뢰를 쌓고, 공부에 대해 토론하고 상의했다. 이런 소통 작업과 함께 공부의 기본을 학습시키기 위한 반복적인 대화를 한 달 정도 진행했다.

그 학생이 달라졌을까? 물론이다. 단 한 번도 숙제를 해온 적이 없던 학생이 숙제를 조금씩 해오기 시작했다. 처음에는 한 문제, 그 다음에는 다섯 문제, 그리고 다시 두 문제, 이런 식으로 기복은 있었지만 숙제라는 것을 해왔다. 어느 날부터는 집에서 숙제가 잘 되지 않으니 학원에 30분이라도 먼저 와서 숙제를 하겠다며 일찍 왔다. 학원에 일찍 온다고 숙제를 부지런히 하는 것은 아니지만, 그런 마음을 갖는다는 것 자체가 기특할 따름이었다.

이런 작은 시작이 중요하다. 처음부터 공부에 '필'이 꽂혀서 죽기 살기로 하는 친구도 있지만, 대부분의 학생들은 공부를 적이나 공포의 대상으로 인식한다. 조금씩 공부와 화해하도록 노력하는 것이 중요하다. 공부를 통해 자신의 꿈을 실현하고 나아갈 수 있다는 사실을 깨닫도록 한다. 적어도 공부가 두려움의 대상이 아니라 함께 나아갈 존재라는 정도로는 여기도록 해야 한다.

그러니 처음부터 욕심을 내면 안 된다. 과유불급過猶不及이라고 했다. 작게라도 시작이 중요하고, 그 시발점에 마음의 변화가 큰 역할을 하게 된다. 이렇게 시작된 변하는 점차 실천으로 옮겨가기 시작한다. 전혀 숙제를 하지 않던 학생이 조금씩 하게 되고, 공부라는 걸 아예 하지 않던 학생이 도서관으로 향한다. 시험기간은 학교 수업이 일찍 끝나는 날로만 받아들이던 학생이 시험을 자신의 실력을 발휘하는 축제기간으로 여기게 된다. 그러면 성적은 저절로 올라간다.

공부에 친밀감을 갖고, 기본적인 공부를 한다고 해서 전부가 아니다. 공부의 기본을 지키기 위해서는 자신만의 기본을 습관화하는 것이 필요하다. 습관은 영어로 'habit'인데 '의복'의 의미도 있다. 습관은 의복처럼 자연스럽게 우리 몸에 두르는 것이고, 우리가 원하면 얼마든지 바꿀 수 있다는 말이다. 지금까지 효율적인 공부가 안 되었다면, 이제 제대로 된 공부법이라는 새 옷으로 갈아입도록 한다.

나에게 배운 다음 잠시 떠났다가 다시 돌아온 학생이 있다. 아주 성실한 학생이었다. 공부를 싫어하지 않고, 많은 양의 공부를 소화하는 학생이었다. 그러나 성적은 공부한 만큼 나오지 않았다. 나는 1년 만에 다시 지도하게 된 그 학생을 꼼꼼히 분석하기 시작했다. 숙제도 정말 잘해 오고 수업시간에 문제를 푸는 양도 많았다. 자세히 관찰해 보니 그 학생에게 부족한 게 무엇인지 보이기 시작했다.

나는 숙제를 무조건 연습장에 해오라고 시킨다. 그리고 수업시간에도 문제를 연습장에 가지런하게 풀도록 한다. 학생들이 연습장에 문제를 풀고 있으면 나는 그 옆을 지나가면서 제대로 풀고 있는지 보며 내 나름대로 분석한다. 수업시간 내내 이런 분석이 반복되고 피드백이 진행되는 것이다. 바로바로 첨삭으로 피드백이 되다 보니 학생의 문제점이 바로 체크되고, 학생도 잘못된 점을 바로 개선해 나가게 된다.

그 학생은 공부에 대한 마음가짐과 공부하는 양은 기본이 되어 있었다. 그런데 그 공부하는 양의 상당 부분이 쓸데없는 곳에 소모되는 것이 문제였다. 자신이 취약한 문제에 시간을 많이 할애해서 공부해야 하는데, 잘 아는 문제들까지 너무 꼼꼼히 푸는 것이었다.

공부에서 기본이 되는 두 번째는 바로 효율성이다. 무턱대고 공부 양만 늘려서는 실력 향상이 되지 않는다. 물론 어려운 문제만 잔뜩 푼다고 해서 되는 것도 아니다. 기본적으로 자신의 약점이 무엇인지 파악하고, 그것을 보완해 나가는 것이 중요하다는 말이다. 대부분의 학생들은 공부할 때 잘 아는 문제는 정성을 다해 꼼꼼히 시간을 들여 풀고 큰 동그라미로 채점하며 만족을 느낀다. 그러나 본인이 잘 모르는 문제, 어려운 문제는 건너뛰거나 대충 풀고는 자그마하게 틀림 표시를 한다.

본인이 자주 틀리는 것, 잘 모르는 문제를 찾아내 그것을 보완하는 과정을 통해 실력이 향상된다. 숙제 100문제 중에서 맞은 문제 90개보다 틀린 문제 10개가 더 중요하다는 말이다. 90개 맞았다고 만족해할 것이 아니라, 틀린 10문제를 꼼꼼하게 들여다보고 어디서 잘못됐는지 알아내야 한다. 틀린 문제를 소중하게 생각하는 마음이 매우 중요한 공부의 기본이다.

따라서 공부의 기본은 마음에서 비롯된다고 할 수 있다. 그러니 공부를 미움의 대상으로 치부하면 안 된다. 충분히 소통하고 대화하면 친구까지는 아니더라도 나쁘게 지낼 필요가 없는 사이임을 깨닫게 된다. 이런 마음의 변화를 통해 본격적인 공부가 시작된다. 누구나 그렇게 시작할 수 있다. 욕심낼 필요 없이 조금씩 차분히 시작해도 충분하다. 이렇게 시작된 공부를 차츰 습관화를 통해 몸에 배도록 해나가는 것이다.

공부하는 습관이 몸에 배면 성적은 저절로 따라온다.

6 공부 잘하는 친구를 벤치마킹 한다

휴게실에서 친구들과 쉬고 있는 고등학교 3학년 학생들에게 이렇게 물었다.

"1학년, 2학년 때는 왜 그렇게 공부를 안 했냐?"

한 학생이 이렇게 대답했다.

"노는 친구들하고만 어울려 다니다 보니 공부를 안 했어요. 집에서도 부모님이 공부하라고 하지 않았고요."

나는 부모님이 공부하라고 간섭하지 않는 것은 긍정적인 요소로 간주한다. 친구들에 대해 말한 부분이 궁금했다.

"아니 친구들 중에 조금이라도 공부하는 친구가 있었을 것 아냐? 왜 공부하는 친구들을 따라할 생각은 하지 않고, 노는 친구들하고만 어울렸을까?"

"그러니까요. 왜 그렇게 놀기만 했는지 원."

대부분의 아이들은 같이 놀기 좋은 친구와 어울리고 싶어 한다. 공부를 열심히 하고 놀기도 잘하는 친구는 생각보다 적다. 주위에 어떤 친구들이 있는지에 따라 공부를 열심히 하기도 하고, 그 반대가 될 수도 있다.

아동심리학에서 밥을 잘 먹지 않는 아이를 교육시키는 방법 중에 친구들을 불러와 밥을 맛있게 먹는 모습을 보여주면 그 아이도 따라서 잘 먹게 된다는 내용이 있다. 아무리 엄마가 밥을 맛있게 먹으면서 "와 맛있다. 자 이거 한 번 먹어 보자."라고 타일러도 아이는 쉽게 밥을 먹지 않는다. 그런데 밥을 잘 먹는 친구들을 데려와서 밥 먹는 모습을 보여주었더니 태도가 금방 달라지더라는 것이다. 이처럼 아이들은 자신과 동일한 위치에 있는 다른 아이의 행동에 호기심을 느끼고, 쉽게 그 행동을 따라하게 된다.

공부도 마찬가지다. 스스로 공부할 의지가 없고, 애를 써도 공부가 잘 되지 않는다면 공부 잘하는 친구, 열심히 하는 친구 가까이 다가가는 것이 좋다. 그들과 친해지려고 노력하고, 그들과 함께하는 시간을 늘리는 것이다. 이것이 공부 벤치마킹의 시작이다.

단순히 '공부 잘하는 친구'를 관찰하라는 것이 아니다. 물론 친구가 어떻게 공부하고, 어떤 문제집을 보는지 관찰하는 것도 필요하지만 그것만으로는 부족하다. 일단 그런 친구들과 함께 있는 시간을 갖는 것이 중요하다. 굳이 공부에 대한 이야기를 할 필요도 없다. 그냥 즐거운 이야기를 함께 하는 것부터 시작하도록 한다. 그것만으로도 충분한 출발점이 된다.

공부 잘하는 친구와 함께 시간을 보내고 대화를 하다 보면 그들로부터 공부하는 기운을 받을 수 있다. 그들처럼 생각하는 법을 배우고, 어떻게 시간을 보내고, 어떻게 공부를 열심히 하면서도 잘 노는지에 대해 노하우를 얻을 수 있다. 무엇보다 중요한 것은 그들의 공부에 대한 열정을 느끼는 것이다. 무슨 이야기인지 쉽게 이해가 안 되면 다음 이야기를 참고해 보자.

성공하고 싶은 마음이 간절한 삼십 대 중반의 남자가 있었다. 자신의 꿈과 성공을 위해 대기업에서 퇴사하고, 열정 넘치게 일했지만 성공의 길은 쉽게 다가오지 않았다. 그러다 성공한 사람들, 성공을 위해 치열하게 살아가는 사람들의 모임에 참석하게 되었다. 남자는 그들과 함께 시간을 보내면서 그들의 생각과 행동을 직접 보고 듣고 피부로 느끼려고 했다. 그리고 그들처럼 생각하기 위해 대화를 많이 나누고, 그들이 읽은 책을 자기도 사서 읽었다. 그러다 보니 점차 의식이 확장되어 주변의 환경을 바꾸고, 자신의 행동을 새롭게 해나가게 되었다. 그렇게 하자 얼마 안 가서 그 남자는 400만 원짜리 중고차의 주인에서 신형 벤츠의 주인이 되고, 벌레가 들끓던 투 룸 월세 집에서 벗어나 판교의 아파트로 이사하게 되었다. 그리고 몇 개월 뒤에는 자신이 원장인 학원을 시작했다.

눈치챘겠지만 이것은 바로 나의 이야기다. 성공하고 싶다면 성공한 사람들과 함께하는 것이 중요하다. 그렇게 하면 성공의 길로 빠르게 나아갈 수 있다. 공부도 마찬가지이다. 공부를 잘하고 싶다면 공부 잘하는 친구들과 어울리도록 한다. 그들과 함께 호흡하고, 그들이 생각하는 방식과 공부하는 습관을 따라하려고 노력하는 것이다. 그들과 어울리면서 자신도 공부 잘하는 것처럼 행동하고 말하도록 해보자. 그리고 실제로 자기도 공부를 잘한다고 믿어 보는 것이다.

그 친구들을 벤치마킹 할 때는 공부하는 기술만 따라하는 게 아니라 그들과 관계를 만드는 것이 중요하다. 그러한 관계를 통해 제대로 자극과 영향을 받을 수 있다. 그렇기 때문에 벤치마킹의 대상은 긍정적인 사람, 성실한 사람, 성공한 사람, 나보다 나은 사람이어야 한다. 부정적인 생각으로 가득 차 있고, 노력하지 않는 사람, 꿈이 없는 사람과는 어울리지 않는 게 좋다.

부정적인 말만 하고, 공부해 봤자 소용없다는 식의 말을 하면서 놀기만 하는 친구들은 멀리하라. 그렇다고 친구를 멀리하는 것은 너무하지 않느냐고 항변할 수 있겠지만 자신의 꿈과 목표, 제대로 된 삶과 공부를 위해서는 냉정해질 필요가 있다.

이유 없이 친구를 따돌리고, 돈 빼앗고 때리고 하는 친구만 나쁜 게 아니다. 나의 꿈을 실현하는 데 방해가 되는 친구도 나쁜 친구이다. 이런 친구는 내 인생의 발목을 잡는 '드림 킬러'dream killer 이다. 나의 꿈에 부정적인 영향을 미치는 이런 '드림 킬러' 친구들은 멀리해야 한다.

벤치마킹을 한다고 부끄러워할 이유는 전혀 없다. 벤치마킹을 통해 자신이 부족한 부분이 있음을 인정하고 보완하고, 자신에게 있는 장점은 발굴하여 발전시켜 나갈 수 있다. 자신의 부족함을 알고, 이를 고치고 바로잡아 나가겠다고 결심하는 것은 매우 중요하다. 많은 경험과 시행착오를 통해 자신의 멋진 공부법을 만들어 가는 것도 좋지만, 공부 잘하는 친구의 방법과 노하우를 벤치마킹 함으로써 성공의 시간을 단축시킬 수 있다. 시간은 정말 중요한 요소이다. 매학기 시험이 두 번씩 잡혀 있고, 과정은 계속 변하고 복잡해지기 때문에 자신의 공부법을 빨리 터득하는 것이 중요하다.

자기 반에서 또는 친구들 중에서 공부 잘하는 친구, 공부에 열정을 다하는 친구와 가급적 가까이 지내자. 그 친구가 하는 행동과 말투, 공부에 대한 습관을 들여다보고 수시로 메모해서 기억하자. 그 친구의 장점 가운데서 실천할 수 있는 것부터 따라해 보자. 모든 것을 다 따라할 필요는 없다. 친구의 장점 가운데서 자신에게 맞고, 효과가 있을 내용을 찾아내 따라해 보도록 한다. 그리고 그것을 자신의 공부법으로 완성시켜 나가는 것이다.

7 놀면서 공부한다

고등학교 시절 야간자율학습 시간을 돌이켜보면 전교 1등 하는 친구가 정말 열심히 공부하는 모습을 본 적이 드물다. 그 친구는 우리보다 더 만화책을 즐겨보고, 좋아하는 음악 CD를 빌려서 들었다. 그 친구를 보면 '도대체 제가 어떻게 전교 1등이지?'라는 생각만 들었다. 그래도 그 친구는 항상 전교 1등이었다. 도대체 어떻게! 어떻게!

내가 전교 1등의 비밀을 터득하게 된 것은 안타깝게도 대학교 1학년이 되어서였다. 내가 대학생 때 공부한 방법을 그대로 소개해 보겠다. 어떻게 그렇게 대충 공부하고도 좋은 학점으로 성적 장학금을 받았는지 신기하다고 생각할 것이다. 그렇다고 내 방식을 따라하라는 말은 아니다. 공부를 얼마나 즐겁게, 놀면서 할 수 있는지 한 번 느껴보라는 뜻에서 소개한다.

대학에 들어와 보면 잘 놀지 못하는 친구들이 많다. 제대로 놀아 본 적이 없기 때문이다. 대부분이 술자리를 가져 본 적도 없고, 친구들과 여행을 자유롭게 다녀본 적도 없다. 많은 억압과 통제 속에 고등학생 시절을 보내다가 대학생이 되어서 갑작스레 자유로운 시간 속에 던져진 학생들이 대부분이다. 그러면서 또 다른 방황을 하게 된다. 기다렸다는 듯이 자유를 제대로 즐기는 학생들도 있지만 대부분은 낯선 환경에 제대로 적응하지 못해 애를 먹는다.

사실 대학교 1학년 때 좋은 성적을 받는 것은 그리 어렵지 않다. 과제 충실히 하고 시험기간에 시험 준비를 제대로 하면 좋은 성적을 받을 수 있다. 그런데도 많은 학생들이 그렇게 하지 않는다. 과제 제출도 부실하게 하고, 시험기간에도 시험 준비 대신 놀기 바쁘다. 딱 기본만 지키면 되는데 그걸 하지 않는다.

나는 대학 시절 성적 장학금을 받았다. 정말 치열하게 열심히 공부한 것은 아니고, 딱 기본만 지켰을 뿐이다. 과제는 친구 것을 베껴서 낸 적도 많다. 그리고 시험기간! 시험기간 만큼은 공부를 했다. 그렇다고 독서실에서 피땀 흘리며 하지는 않았다.

대학 때 공부는 주로 동아리 방에서 했다. 대학 도서실은 시험기간이 다가오면 전쟁터 같다. 자리다툼이 치열하고 한 공간에 너무 많은 인원이 모여 있다 보니 소란스럽고 어수선했다. 게다가 내 성격상 도서실에 드나드는 학생들 얼굴 확인하느라고 집중도 되지 않았다. 그래서 선택한 곳이 시를 공부하는 동아리 방이었다. 동아리 방은 나름 조용했고, 내가 좋아하는 음악을 들으며 공부할 수 있었다. 친구들을 불러서 함께 공부하기도 했다. 치킨과 맥주를 시켜놓고 밤샘 공부도 했다. 졸리거나 술기운이 오르면 운동장에 나가 친구들과 족구나 농구를 했다. 그리고 정신이 들면 다시 들어와 공부했다.

시험공부 하면서 친구들과 어울려 맥주를 마신다는 것이 정상적인 행동은 아닐 것이다. 하지만 그런 가운데서도 나는 공부를 했다. 시험에 필요한 내용을 충분히 숙지했고 시험을 잘 치를 수 있었다. 그리고 성적 장학금이라는 선물까지 받았다. 전공 공부가 재미있는 것은 아니지만 적어도 내 나름대로 재미있게 공부할 수 있었다. 놀면서도 충분히 공부할 수 있다는 말이다.

이런 방식은 중학생이나 고등학생도 얼마든지 응용할 수 있다. 그런데 자유를 주면 거기에 따르는 책임은 다하지 않고 놀기만 하는 학생들이 많다. 그렇다고 외부에서 제약과 강제성이 가해지면 공부를 더 안 한다. 그런 의미에서 무조건 열심히 하려고 하지 말고 적당히 놀면서 공부하라는 것이다.

수능이 5개월 정도 남은 때였는데 고3 학생이 숙제를 제대로 안 해오는 것이었다. 뒤늦게 공부를 시작했지만 그래도 기본부터 차곡차곡 부지런히 따라와 어느 정도 레벨에는 도달한 아이였다. 그런데 더 치고 올라가야 하는 시기에 초심을 잃고 공부를 제대로 하지 않는 것이었다.

상담을 해보니 최근 들어 다시 PC방에 드나드는 횟수가 늘고,

밤 10시면 새로 시작한 TV 드라마를 챙겨본다는 것이었다. '이게 제 정신인가!'라는 말이 튀어나오기 일보 전이었지만 한편으로는 이해도 되었다. 그동안 제대로 하지 않던 공부를 하려니 얼마나 힘들었을까 라는 측은한 생각도 들었다. 그래도 그냥 두고볼 수는 없는 노릇이었다.

"그럼 좋아. 스트레스도 풀어야 하니 PC방은 가도 좋아. 그리고 드라마도 보던 거니깐 챙겨 보도록 해. 대신 3일마다 수학 문제 50문제를 풀어서 나한테 검사받도록 하자. 그럼 원하는 시간에 보내 주고, 네가 하는 행동에 절대 뭐라고 않을게, 엄마한테도 말씀드리지 않고."

이렇게 학생과 타협을 했고, 수능까지 학생은 약속을 잘 지켰다. 알차게 50문제는 아니더라도 꼬박꼬박 50문제 내외씩 수학 문제를 풀어 왔다. 꾸준히 조금씩이라도 하는 게 안 하는 것보다는 좋다. 그리고 그 효과는 매우 컸다. 무턱대고 PC방에 못 가도록 막고, 드라마를 보지 말라고 한다고 해서 아이가 그 시간에 공부를 하지는 않는다. 스트레스를 풀 다른 대상을 찾지 절대로 그 시간을 공부로 채우지 않는다. 그렇다면 학생이 원하는 대로 놔두는 게 좋다. 대신 학생과 약속을 하는 것이다. 사실 학생도 PC방에 가고 드라마를 보는 시간 동안 많은 눈치를 보고, 그 속에서 또 다른 스트레스를 받는다. 약속을 통해 그 스트레스를 완화시켜 주는 것이다.

아이가 해야 할 것과 공부할 양을 적정선에서 정해 주고, 그것을 다했을 때는 마음 놓고 놀도록 해준다. 정말 마음 놓고 놀 수 있게 해줘야 학생도 약속을 지킨다. 눈치를 주거나 상처가 되는 말은 한마디도 하면 안 된다.

공부하는 것 못지않게 노는 것도 중요하다. 노는 동안 공부에 막혔던 아이의 뇌는 다른 행동과 생각으로 더 활성화된다. 충분히 논 다음 공부하면 효율적으로 집중력을 발휘할 수 있다. '놀이'와 '공부'가 병행되면 공부에 대한 스트레스를 적게 받고, 짧은 시간에 집중력을 발휘한다.

지인 소개로 어떤 학생과 일대일 개별 수업을 진행한 적이 있다. 처음 며칠은 학생의 성향을 파악하기 위해 차분하게 수업을 진행했다. 기본기는 어느 정도 갖춰져 있지만 응용문제에 대한 자신감이 부족한 아이였다. 무엇보다도 매사에 부정적인 생각이 많았다.

자기는 아무리 공부해도 수학 점수가 60점 이상 나올 수 없다고 생각하고 있었고, 다른 과목에도 자신감이 없었다. 이런 마음가짐을 가진 상태에서는 '수학의 신'이 와서 수업을 해도 성적이 올라가지 않는다. 그것은 초등학교 때부터 줄곧 일대일 개별수업을 통해 학습해 왔는데도 이 정도 성적에 머물러 있는 결과가 말해 주고 있었다.

그래서 나는 두 시간 수업 중 한 시간은 학생과 놀기로 마음먹었다. 무턱대고 노는 게 아니라 다양한 이야기를 나누고 토론하고 소통했다. 대화를 나누면서 느낀 것은 학생도 자신의 주장을 또렷하게 피력할 줄 알고 자존감이 높다는 사실이었다. 늘 수학 문제를 풀 때면 자신감 없이 소심한 모습을 보였는데 결코 소심한 아이가 아니었다.

자기가 좋아하는 사진이나 유명 팝 가수 이야기가 나오면 신이 나서 말을 이어갔다. 정치 이야기나 종교 이야기를 할 때도 자신의 생각과 주장을 곧잘 펼쳤다. 가끔 나와 얼굴을 붉히며 토론할 정도로 본인이 옳다고 믿는 생각에 대해 확신에 찬 주장을 내놓았다. 누가 보면 수학 수업이 아니고 그냥 대화를 나누는 것처럼 보였을 것이다. 하지만 그 과정은 나의 수업에서 대단히 중요한 일부분이었다.

그렇게 몇 개월이 지나자 우리는 소통이 잘 되는 사이가 되었다. 그런 관계 속에서 수학 수업을 진행하니 내용 전달과 이해도 잘 되었다. 학생은 거침없이 문제를 풀어나갔고, 조금이라도 애매하면 바로바로 질문해서 소화했다. 학생의 수학 실력은 점점 좋아졌다. 그렇다고 두 시간 수업 중 한 시간의 대화 시간을 줄이거나 하지 않았다. 학생은 그 시간을 기다렸고, 그 대화 덕분에 공부하는 시간에 더 집중할 수 있었다.

공부와 놀이를 병행하는 것이 좋다는 말이다. 공부를 먼저 하고 놀든, 놀고 난 다음에 공부하든 순서는 중요하지 않다. 자신이 하고 싶은 것을 먼저 하면 된다. 수험생이 하고 싶은 것을 다 하면 공부는 언제 하느냐고 반문해도 상관없다. 놀이와 휴식을 통해 뇌를 단련시키고, 그 다음에 공부할 때 더 잘 집중할 수 있도록 에너지를 충전할 수 있기 때문이다.

🔲8 누구나 공부의 신이 될 수 있다

　공부 잘하는 '공신'이라고 갑자기 하늘에서 뚝 떨어진 존재는 아니다. 그들도 시작은 보통 학생들과 크게 다를 바 없다. 우리는 누구나 공신이 될 재능을 타고 났고, 노력하면 얼마든지 공신이 될 수 있다. 특별하고 불가능해 보이는 훈련과 연습이 반드시 뒤따라야 하는 것도 아니다.

　그 학생은 첫 인상이 엄청 불량스러워 보였다. 모자를 꾹 눌러 쓰고 얼굴에는 싸우다 생긴 것처럼 보이는 흉터가 군데군데 자리하고 있었다. 큰 키에 슬리퍼를 신고 학원에 왔는데, 사람은 겉모습만으로 판단하면 안 된다는 사실을 나는 그 학생을 통해 다시 한 번 깨닫게 되었다. 고등학교 2학년인 그 학생은 전 과목 성적이 전교 2등이었다. 그리고 초등학교 때부터 주식에 관심이 많아서 500만 원 상당의 미국 주식을 보유하고 있었다. 수학에 대한 감각은 나보다 더 뛰어난 부분이 있을 정도였다.

　하지만 그 학생의 일상은 행복해 보이지도 바람직해 보이지도 않았다. 학교에서 수시로 친구들과 싸우고, 학교에 가지 않는 날도 많았다. 가출을 자주 하고, 집에 잘 들어가지 않았다. 집에서는 형이나 부모와 싸웠다. 이런 환경에서 그처럼 좋은 성적이 나온다는 사실이 신기했다.

그 학생과는 거의 일대일로 수업을 진행했다. 두 시간 수업 중 이런저런 이야기를 나누느라고 한 시간 이상을 썼다. 워낙 수학 실력이 뛰어났기 때문에 굳이 두 시간 수업을 할 필요도 없었다. 그와 이야기해 보니 어떻게 그런 환경에서 좋은 성적을 내는지 짐작할 수 있었다.

그 학생의 꿈은 너무도 명확했다. 세계 최고의 투자회사를 설립하는 것이었다. 고등학교만 졸업하면 투자회사를 설립하고 싶어 했는데 우리나라 교육제도에서는 힘든 일이었다. 그래서 제대로 자신의 꿈을 이루기 위해 서울대 경영학과에 진학하는 걸 목표로 세워놓고 있었다.

하지만 학교와 집에서는 공부가 되지 않았다. 그래서 학교에 잘 가지 않고 서울 종로에 있는 24시간 카페에 가서 음악을 들으며 공부했다. 거의 매일 밤을 샐 정도로 열심히 공부했다. 그렇게 자신의 꿈을 이루기 위해 자신에게 맞는 환경을 찾아 공부에 전념한 것이다. 물론 순탄한 과정은 아니었을 것이다. 그러나 명확하고 큰 꿈이 아이를 제대로 이끌었다.

고등학교 3학년인 그 여학생도 첫 인상은 썩 좋지 않았다. 빨간 트레이닝복에 진한 화장을 하고 학원 첫 수업에 들어왔다. 그 여학생도 사람을 선입견을 가지고 대하면 안 된다는 교훈을 내게 다시 한 번 깨우쳐 주었다. 그때까지 그 여학생만큼 성실하고 집념이 강한 학생은 드물었기 때문이다.

늦게 공부를 시작한 그 여학생은 꿈이 방송 프로듀서였다. 사회적 이슈와 사회 부조리에 관심이 많았다. 쉬는 시간에 핸드폰으로 동영상을 자주 봤는데, 집회 현장이나 시사 다큐멘터리를 주로 봤다. 많은 아이들이 핸드폰으로 허접스런 SNS 동영상을 보느라고 시간을 허비하는데, 그 아이는 그렇지 않았다.

그 여학생은 자신의 꿈을 명확하게 세워놓고 그 꿈을 키워가고 있었다. 그리고 그 꿈을 위해 열정과 집념을 공부에 쏟아 부었다. 수능시험 바로 전날까지 학원에 와서 질문을 하던 그 학생의 집념어린 눈빛이 아직도 눈에 선하다. 당연히 그는 원하는 대학의 디지털 미디어학과에 입학했다. 이렇듯 자신이 좋아하는 것, 하고 싶은 꿈을 명확히 정해놓으면 하고자 하는 열정이 샘솟듯이 터져 나온다. 힘든 과정이 아니라 즐거운 도전이 되는 것이다.

실전에 약한 학생들이 있다. 분명히 제대로 공부한 내용인데도 시험장에 들어가면 기억이 안 나고, 평소에 하지 않던 실수를 범한다. 실수도 실력이라는 말이 있지만, 이런 경우에는 대책을 세우기가 쉽지 않다. 실전 연습을 위해 기출문제를 시간을 재면서 풀어도 실전 대응력은 좀처럼 나아지지 않는다. 이런 시험 불안

장애를 고치는 데는 다음과 같은 방법이 효과가 있다.

시험 시작 전에 시험을 잘 보고 있는 자신의 모습을 상상해 보도록 한다. 문제를 빠르게 풀어 나가는 모습, 어려운 문제를 만나도 당황하지 않고 순발력으로 해법을 찾아내는 모습을 상상한다. 시험 종료 10분 전에 문제를 다 풀고 여유롭게 답안지에 체크하고 만족스러워하는 모습을 눈을 감고 상상하는 것이다. 마지막으로 성적 결과 발표 날, 좋은 성적이 나온 자신을 선생님과 친구들이 칭찬하고 환호하는 모습을 상상한다. 결과를 결코 의심하지 말고, 즐겁고 행복한 마음으로 상상하는 것이다.

'무슨 방법이 이래?'라고 반문할 수 있겠다. 물론 시험 준비는 제대로 하지 않으면서 시험을 잘 본 상상을 하는 것만으로 좋은 결과가 나오지는 않는다. 목표와 계획을 세워놓은 대로 공부를 열심히 하는데도 시험 결과가 좋지 않다면 추가적으로 이런 방법을 써 보라는 말이다.

이런 상상을 통해 우리는 의식적이든 무의식적이든 시험에 대비하게 된다. 시험을 망칠 것 같은 불안한 마음이나 예감이 든다면 '아냐 그럴 리가 없어.'라고 단호하게 차단하고, 차분한 마음으로 이겨내도록 한다. '응 그렇구나. 잠시 불안한 마음이 지나가는구나. 괜찮아, 이런 생각은 지나가고 나는 시험을 잘 볼 거니까.' 라며 스스로 자신을 북돋워 주도록 한다.

어려운 문제를 만났을 때의 대비책도 머릿속에 미리 준비해 둔다. 어려운 문제를 만나면 '그냥 하나 틀리지 뭐. 괜찮아, 다른 문제를 다 맞으면 되니까.'라고 상상하든지, 아니면 '어, 순간 당황했잖아. 괜찮아, 심호흡을 한 번 하면 풀 수 있어!'라고 상상하는 것이다. 이러한 상상이 무의식적으로 쌓여 실전에서 큰 힘을 발휘하게 된다.

나는 수험생 시절 공부하다가 꼭 시험에 나올 것 같은 문제를 만나면 따로 정리해 두고 몇 날 며칠 씨름했다. 아무리 어려운 문제라도 그렇게 했다. 결국 해결해야 직성이 풀렸다. 직성이 풀렸다는 것은 시험에 앞서 조금의 불안감도 남겨두지 않겠다는 각오로 공부했다는 뜻이다. 어떤 학생들은 이와 반대로 생각한다. 분명히 시험에 나올 것 같은 문제인데 이해도 안 되고 어려우면 '에이 이건 시험에 안 나올 거야, 아니 절대로 나오면 안 돼!'라며 운에 맡긴다는 심정으로 넘어간다. 그러다 그 문제가 실제로 시험에 나오면 '이런 젠장, 하필 이 문제가 나오다니.' 하면서 대비하지 않은 자신이 아니라 시험문제를 출제한 선생님을 원망한다.

많은 수험생이 이런 경험을 갖고 있을 것이다. 꼭 이런 경험이 아니라도 조금은 불안한 마음으로 시험에 임한 적이 없지 않을 것이다. 나는 이런 불안감이 너무 싫었다. 그래서 늘 부족함이 없는 마음으로 시험에 임하려고 노력했고, 그에 대비해 실력과 각오를 다졌다. 잘 외워지지 않는 문제는 따로 적어 반복해서 외우고, 어려운 문제는 끈질기게 붙잡고 늘어져 끝까지 풀려고 노력했다. 실제로 이런 문제를 시험에서 만나면 얼마나 기분이 좋은지 말로 표현하기 힘들 정도였다. 그런 쾌감이 있었기에 더 꼼꼼히 준비했다.

사실 100% 완벽한 공부는 불가능하다. 그러나 이런 부족함을 자신이 100% 채울 수는 있다. 100점 만점을 목표로 하는 것이 아니라, 자신이 세운 목표에 맞도록 준비하는 것은 가능하다는 말이다. 어떤 단원이 약한지는 자신이 제일 정확하게 안다. 그 단원을 피하지 말고 적극적으로 파고드는 것이다. 그렇게 하면 그 단원, 그 과목은 자신이 세운 기준에서 100% 준비할 수 있다. 그러면 당당하게 시험에 임할 수 있다. 그렇게 자신의 실력과 시험에 대한 대비능력을 키워 나가면 점점 더 큰 목표를 이루어 나갈 수 있다.

'공신'은 태어나는 게 아니라 만들어진다. 자신의 꿈과 자신감으로 완성되는 것이다. 그러니 누구나 공신이 될 수 있고, 꿈을 이룰 수 있다는 확신을 갖도록 하자.

PART 02

가장 중요한 게 무엇인지 재점검하라.
Know what matters most.

제럴드 레빈 Gerald Levin
타임워너(Time Warner) 최고경영자(CEO)

진짜 공부법
실천하기

한 시간을 해도
하루 공부한 만큼 할 수 있다

Chapter

03

상위 1%
공신들의 10계명

🔲 오늘 공부할 양을 종이에 적는다

학창시절에 나는 성격이 급한 편이었다. 무슨 일이든 빨리 처리하기를 좋아했다. 하지만 공부든 일이든 급하게 하려다 보면 뭔가 빠뜨리고 부족하게 되기 쉽다. 매일 꾸준히 공부하는 주요 과목은 그나마 덜했지만 다른 과목은 미리 공부를 해놓지 않아 시험기간에 큰 낭패를 보는 경우가 많았다. 고민 끝에 고2 때부터 학교에 가면 그날 공부할 양을 적어 두기로 했다.

등교하면 5분 남짓 그날 공부할 내용을 작은 메모지에 적었다. 그날 무엇을 공부할지는 1차적으로 일일계획표에 정해져 있다. 그러나 공부의 우선순위가 변경되거나 부득이 다른 공부를 해야 하는 상황이 생기기 때문에 아침에 미리 체크해 두는 것이다.

예를 들어 야간자율학습 시간에 수학 1시간, 영어 1시간, 국어 1시간 공부하기로 되어 있는데 이튿날 과학 시험이 있으면 국어 공부할 시간에 대신 과학 공부를 하기로 고치는 것이다. 급한 숙제가 생기는 경우에는 숙제부터 했다. 이렇게 아침에 할 일을 수정해서 메모해 놓으면 집에 가서 밤늦게까지 숙제를 한다던가, 불안한 마음으로 시험공부를 하는 상황에 미리 대비할 수 있다. 특히 공부할 양을 미리 종이에 적어 놓고, 그 공부를 다 마친 다음 해당 시간표를 지울 때는 엄청난 성취감을 맛볼 수 있다.

공휴일에는 아침밥을 먹고 집 근처 구립도서관을 찾았다. 공휴일에 도서관은 정말 한가하다. 아침 공기를 맞으며 도서관에 앉아 그날 공부할 내용을 적었다. 공부는 시작하기 직전에 가장 기분이 들뜬다. 시작하지도 않았는데 엄청난 양을 공부한 것 같은 만족감까지 느껴진다.

시간 단위로 그날 공부할 내용을 종이에 적는다. 구체적으로 적는 것이 좋다. 과목별 특징에 따라 다를 수 있지만 소단원별, 페이지별로 공부할 내용을 최대한 구체적으로 적는다. 그리고 중간 중간 암기할 영어단어의 양도 목표를 정한다. 나는 다소 무리다 싶을 정도로 의욕적으로 계획을 세웠다. 그래야 좀 더 집중하게 되는 기분이 들었다. 다 못하더라도 공휴일의 보너스 같은 공부이기 때문에 크게 실망할 필요는 없다.

종이에 적은 과목별 목표를 다 끝내면 줄을 그으며 지워 나간다. 한 줄 한 줄 목표를 완성한 줄이 늘어나는 것을 보며 큰 성취감을 느낀다. 공부에서 맛보는 성취감은 기대 이상의 행복을 선사한다. 그날의 과제 세 개를 마치면 맛있는 것을 사먹는 식으로 자신에게 주는 선물도 적어놓는다. 그러면 마치 게임을 하는 기분이 든다. 미션을 완료하면 선물을 받거나 레벨 업이 되는 식으로 공부하는 것이다.

학원 강사 생활을 하면서 학생들에게 그날 공부할 내용을 상세히 적어놓고 계획성 있게 공부하도록 지도한다. 그렇게 하면 잘 따라오는 학생이 있는 반면 엉뚱한 방향으로 가는 학생도 적지 않다. 재수를 하는 어떤 학생은 정말 꼼꼼히 공부할 내용을 적어놓고 공부를 시작했다. 그런데 아침에 기록한 내용을 하루에도 몇 번씩 고치느라고 실제로 공부하는 시간은 별로 되지 않았다. 예를 들어 10가지의 목록을 적어놓고는 1시간 공부하고 나서 10가지 목록 중 3개를 다른 것으로 고친다. 그리고 1시간 뒤 다시 한참을 고민하다 그 중 2개를 또 수정한다. 늘 이런 식이었다. 그러다 보면 처음 설정한 10개 항목 중 서너 개 정도만 완료하고 6개 이상은 마치지 못했다.

그 학생에게 우선 항목을 줄이라고 시켰다. 의욕은 좋으나 너무 많은 항목을 목표로 설정하면 힘에 부쳐 이도 저도 안 되기 때문이다. 그리고 아침에 설정한 항목은 저녁때까지 수정하지 말고 밀고 가라고 했다. 그 학생은 재수생이어서 자율학습 하는 시간이 많았다. 오전과 오후 합해서 8시간은 되었다. 8시간을 공부하고 나면 좀 더 해야 할 공부와 급히 필요한 공부를 반영해 수정하고 저녁 시간을 보내도록 시켰다.

워낙 공부할 내용이 많기 때문에 조급하고 불안한 마음이 가득한 것은 이해되지만, 그럴수록 스스로 자제하고 기준을 확실히 잡는 것이 중요하다. 그 기준을 잡기 위해 아침에 공부할 항목과 양을 정하는 것인데, 그것을 수시로 바꾸면 기준이 흔들리고, 실제 공부해야 할 시간에 계획표만 만지는 셈이 되고 마는 것이다. 그나마 그 학생은 워낙 꼼꼼한 성격이었기 때문에 그날 공부할 양을 적어 가며 공부했고, 금세 효율적인 방법이 습관화되어 빠르게 성적 향상이 되었다.

위의 경우와 달리 공부와 거리가 먼 어떤 남학생은 정말 힘겨운 나날을 반복했다. 그 학생은 고3이 되던 해 3월부터 나와 함께 공부했는데, 그의 사전에 공부법이나 계획표라는 단어는 존재하지 않았다. 그리고 해야 할 공부가 너무 많았다. 이런 경우일수록 더 철저히 계획을 세우고 공부를 해나가야 한다. 공부가 습관화되기 전에 공부 양에 욕심을 내면 안 된다. 수능까지 남은 시간은 얼마 없었지만, 그렇더라도 최소한의 절차와 단계를 지키며 계획적으로 공부가 진행되어야 한다.

그래서 먼저 계획표를 작성하도록 하고, 장기 계획은 내가 직접 작성해 주었다. 거기에 맞춰 그날그날 진행하는 공부를 직접 작성하도록 했다. 스스로 하루에 할 수 있는 공부 시간과 과목별로 소화할 수 있는 공부 양을 체크해야 세부적인 계획을 작성할 수 있기 때문이다. 약 2주 정도 시간이 흐른 뒤 그 학생과 지금까지 기록한 공부의 양과 숙제 양을 토대로 하루에 공부할 양을 함께 정했다.

그 뒤 그 학생은 아침마다 그날 공부할 항목과 공부 양을 적어놓고 공부하기 시작했다. 처음부터 잘 되는 건 없다. 그래도 일단 시작하고 나니 변화가 뒤따르고 자신이 원하는 꿈을 그릴 수 있게 되었다. 그리고 그 변화는 놀라울 정도로 큰 효과를 가져왔다. 그 학생의 성적이 얼마나 향상되었는지, 또 어느 대학에 합격했는지가 중요한 게 아니라는 말을 하고 싶다. 정말 중요한 성과는 따로 있기 때문이다.

그 학생은 매일 아침 등교해서 책상에 앉으면 그날 공부할 항목을 연습장에 기록했다. 그리고 항목에 적힌 순서대로 공부했고, 계획한 양을 다 마치지 못하더라도 정한 시간이 되면 다른 과목으로 넘어갔다. 수학을 1시간 하면 영어 공부로 넘어가는 식이었다. 수학 공부 1시간 동안 다섯 문제밖에 풀지 못해도 영어로 넘어갔다. 정해놓은 항목을 다 진행하기 위해서였다. 다 채우지 못한 수학 공부는 저녁식사 이후 야간자율학습 시간을 활용해서 마저 풀었다.

공부에 관심도 없고, 열심히 할 마음도 없던 그 학생에게 이 정도의 변화는 엄청난 성공이었다. 본인 스스로도 무언가를 계획하고 실천할 수 있음을 깨달았다. 작은 실천 속에서 자신도 무언가를 차곡차곡 쌓아 가며 원하는 것을 이룰 수 있다는 가능성을 믿게 되었다. 이 모든 변화가 단순히 공부할 내용을 적는 것만으로 가능했다고 말할 수는 없을 것이다. 하지만 그것이 변화에 도움이 되었음은 분명하다.

이처럼 무슨 일이든 시작이 중요하다. 공부할 마음이 없는 학생, 이제부터라도 공부를 해보겠다는 학생, 그리고 자신의 꿈을 실현하고자 하는 학생이라면 더더욱 시작이 중요하다. 시작이 아주 거창할 필요는 없다. 에베레스트를 오를 때도 시작은 평지의 한 발자국부터이다. 한 걸음, 한 걸음이 모여 정상에 도달하게 만드는 것이다.

그날 공부할 양을 아침에 적는 것부터 시작해 보자. 정확하고 거창하게 적을 필요도 없고, 일단 시작하는 것이 중요하다. 적는 것만으로도 많은 것을 이룬 기분을 맛보게 될 것이다. 이런 성취감으로 공부를 계속하면 이루지 못할 목표가 없다. 그리고 끝 부분에는 자신의 꿈과 목표를 당당하게 적는다. 하루의 시작부터 꿈과 성공이 다 이루어진 기분을 맛볼 수 있을 것이다. 이런 기분이 쌓여서 습관이 되면 꿈은 현실이 된다.

02 공부가 저절로 되는 환경을 만든다

공부를 하겠다는 의지와 열정 못지않게 중요한 것이 환경이다. 주변의 분위기는 매우 중요하다. 아무리 집중력이 뛰어나도 환경의 영향을 받지 않을 수 없다. 특히 자신을 공부로부터 멀어지게 하는 다양한 유혹에서 벗어나야 한다. 이런 노력이 우선되어야 제대로 공부를 할 수 있다.

우선 책상 정리가 아주 중요하다. 나도 늘 책상을 정리한 다음에 공부를 시작했다. 공부하기 전에 책상을 정리하는데, 정리를 하고 난 다음에 정작 공부는 하지 않는다는 핀잔을 듣기도 했다. 책상 정리를 너무 자주 할 필요는 없다. 나는 일주일에 한 번 내지 한 달에 한두 번 했다. 시험이 끝나거나 한 학기가 마무리되면 책상 정리를 하고 책도 정리했다. 책상 정리를 매일, 정기적으로 할 필요는 없다는 말이다. 너무 지저분하다는 느낌이 들 때, 기분 전환이 필요할 때 얼른 정리하면 된다.

책상 정리를 어머니가 대신 해주는 것은 좋지 않다. 내 손으로 직접 해야 한다. 꺼내기 쉬운 곳에 책이 꽂혀 있도록 하고, 무슨 과목 연습장이 어디 있는지 본인이 아는 게 중요하다. 책상 정리도 일종의 학습계획이라고 생각하면 된다.

책상을 정리하고 난 다음에는 책상 위에 어떤 물건들이 놓여 있는지 한 번 살펴보자. 공부하겠다는 마음을 먹었으면 쓸데없는 물건은 치우도록 한다. 핸드폰, 거울은 안 보이는 곳으로 치우자. 어른도 핸드폰이 바로 옆에 있으면 계속 신경이 쓰이고, 손이 가고 눈길이 자꾸 간다. 문자가 오지 않는데도 괜히 화면을 확인하고, SNS에 습관적으로 들어간다. 그야말로 쓸모없는 행동으로 시간과 에너지를 낭비하는 것이다.

어른도 이런데 미성년인 학생들은 핸드폰의 유혹에 얼마나 더 쉽게 빠져들겠는가. 한 번 손에 쥔 핸드폰은 도무지 놓지를 않고, SNS 세상에 갇혀 시간 가는 줄 모른다. 제발 공부할 때만큼은 핸드폰을 꺼 두자. 침대 위에 던져 놓든지, 거실 테이블 위에 올려놓자. 아니면 차라리 어머니께 맡겨두도록 하자.

핸드폰과의 이별을 도저히 실천하지 못하는 학생들에게 다른 방법도 권한다. SNS를 비활성화로 설정하거나 SNS로 들어가는 비밀번호를 친구나 부모님께 설정해 달라고 부탁하는 것이다. 그런 식으로 억지로라도 SNS에 낭비하는 시간을 줄이도록 한다. 남의 힘을 빌려서라도 실행해 보자는 말이다.

주변 환경을 정리하고 방해물을 차단하는 것만으로도 공부에 크게 도움이 된다. 그렇게 해서 비워진 공간에 효율적인 항목을 추가한다. 자신의 꿈과 목표를 메모지에 적어 책상 주위에 붙인다. 멋진 문구도 좋고, 사진으로 멋진 시각화를 해도 좋다. 유치하다고 생각할지 모르나 그 효과는 대단하다.

나는 할 수 있다. 나는 멋진 대학생활을 한다.

아무리 어려운 문제도 정복한다. 그까짓 거 나는 자신 있다.

나의 꿈을 위해 모든 열정을 집중한다.

나는 매일 실력이 조금씩 향상되고 있다.

나는 이 세상에 필요한 사람이다.

이처럼 지속적으로 자신에게 자극을 주고 동기부여가 되는 문구를 붙여 놓는다. 책상 주위는 물론이고, 연습장 앞표지나 필통 안쪽에도 적어 놓는다. 이렇게만 해도 공부하기 좋은 멋진 환경이 만들어진다.

독서실에서 공부하거나 학교 자율학습 시간에 대비해 책상 위에 세울 수 있는 미니보드를 구하는 것도 좋다. 썼다 지웠다 할 수 있는 미니보드에 자신의 꿈과 목표를 붙여 책상 위에 올려놓는다. 들고 다닐 책도 많은데 미니보드까지 어떻게 들고 다니느냐는 생각이 들면 접착용 포스트잇을 활용해도 좋다.

미니보드는 가볍고 자리를 많이 차지하지도 않는다. 그리고 자신의 꿈과 목표를 적는 보물인데 가방에 넣어 다니는 것만으로도 자극이 될 수 있다. 미니보드를 당당하게 책상 위에 올려놓고 공부하면 주변 사람들에게 내 목표가 무엇인지 알림으로써 자신을 자극하는 효과가 있다. 자신의 목표를 주위에 선포하는 것이다.

이처럼 자신의 꿈을 주변에 알리면 그게 실현될 가능성이 더 커진다. 굳이 사람들 앞에 나서서 큰 소리로 외칠 필요는 없겠지만, 이처럼 미니보드를 책상 위에 세워놓는 것도 사람들에게 알리는 좋은 방법이다. 쑥스럽다고? 꿈을 이루지 못해 좌절하고 실패하면 그때는 더 부끄럽지 않을까?

체육학과를 지망하는 학생이 있었다. 그는 연세대 체육학과를 가고 싶어 했는데, 연세대 마크가 새겨진 배지를 가방이며 필통에 달고 다니고, 핸드폰과 연습장에도 붙이고 다녔다. 수학 선생님인 나와 친구들에게도 자기는 무조건 연세대에 갈 거라고 입버릇처럼 이야기했다. 객관적인 실력은 자기가 원하는 대학에 들어갈 수준이 되지 못했다. 하지만 그는 아직 실력이 안 되기 때문에 더 절실히 꿈을 이루기 위해 공부 분위기를 만들었다. 자신의 목표를 시각화하고, 친구들에게 알림으로써 공부에 집중력을 더 발휘할 수 있도록 했다. 몇 개월 뒤 그 학생의 성적은 무서울 정도로 오르기 시작했다.

나는 학생들에게 가고 싶은 대학 캠퍼스에 가서 셀카를 찍어오라는 과제를 내준다. 가고 싶은 대학에 직접 가보는 것만으로도 큰 동기부여가 된다. 그리고 그 대학 캠퍼스를 배경으로 자신의 얼굴이 담긴 사진을 출력해서 공부방에 붙여놓으라고 한다. 그 대학의 학생이 된 것 같은 시각화가 지속적으로 이어지도록 하는 것이다. 그 사진을 핸드폰 바탕화면으로 깔아 놓은 학생들도 보았다. 그런 학생이 꿈을 이루는 것은 시간문제일 것이라고 나는 생각한다.

학창시절에 나는 쉬는 날 가능하면 집에서 멀리 떨어진 곳으로 가서 공부하려고 했다. 집에 있으면 잡생각을 하게 만드는 유혹거리가 너무 많기 때문이다. 드라마 재방송과 만화가 나오는 TV, 아이스크림이 담긴 냉장고, 누워 자라고 나를 유혹하는 침대와 소파 등등. 이러한 것들로부터 멀어지기 위해 나는 집에서 멀리 떨어진 독서실로 향했다. 컨디션이 좋지 않거나 공부하고 싶은 마음이 안 들어도 무조건 독서실로 갔다.

스스로 공부하고 싶은 날이 얼마나 되겠는가. 그래도 돈을 내고 독서실에 자리를 잡고 앉으면 한 문제라도 풀고, 영어단어 한 개라도 외울 수 있었다. 일단 집에서 멀리 떨어진 그곳으로 가서 자리에 앉도록 한다. 정말 공부하기 싫은 날도 그런 곳에 가서 죽치고 앉아 있는 버릇을 키워 보자. 그러면 어느 때부터인가 자연스럽게 책상에 앉아 있는 습관, 무의식적으로 독서실로 향하는 자신의 모습을 보게 될 것이다.

공부가 정말 싫다면 공부 외에 다른 하고 싶은 게 있는지 자문해 보자. 대부분의 학생들은 딱히 다른 무엇이 하고 싶은지 말을 못한다. 그냥 공부가 싫고, 하고 싶지 않을 뿐이다. 공부 말고 자신이 정말 하고 싶은 것이 있으면 그것을 하면 된다. 하지만 장래 하고 싶은 것을 하려면 결국 공부를 해야 한다는 사실을 시간이 지나면 깨닫게 될 것이다. 그러니 사소한 것부터 공부하는 환경을 만들고, 공부를 습관화하려고 노력해야 한다.

공부 환경이라고 해서 거창한 것을 생각할 필요는 없다. 제일 먼저 쓸데없는 것들을 치우고 정리하는 일부터 시작하면 된다. 그런 다음 공부하는 공간을 자신의 꿈과 목표로 기운이 넘치도록 만든다. 시각화를 위해 꿈이 담긴 문구를 벽과 책, 학용품에 붙인다. 어디서 공부하든 꿈이 함께하고 있다는 생각이 들도록 하는 것이다. 그런 식으로 조금씩 자신과 환경이 함께 어우러지게 한다. 매일 밥을 먹고 화장실에 가고 물을 마시듯이 공부가 자연스러운 생활의 일부가 되도록 한다.

공부하는 자리를 자신의 꿈을 실현하는 기적의 공간으로 만드는 것이다.

⎯3 과목별 핵심 포인트를 파악한다

공부 습관을 키우기 위해서는 과목별로 핵심 포인트를 잡고, 그 포인트에 맞춰 공부하는 것이 중요하다. 핸드볼과 축구의 골대가 서로 다른 것처럼 과목별로 겨냥하는 목표가 서로 다르다. 과목 특성에 맞게 공부해야 효과적으로 성적을 올릴 수 있다.

흔히 입시 과목을 크게 암기 과목과 이해 과목으로 분류한다. 그리고 수학은 이해 과목, 영어는 암기 과목이라 정하고 자신은 암기가 약해 영어 성적이 낮다는 식으로 단정한다. 암기력은 좋은데 이해력이 나빠 수학을 잘 못한다고 단정하기도 한다. 분명히 말해 두지만 사람의 잠재능력은 무한하다. 암기를 잘 못하고 이해력이 낮다고 스스로 단정하면 안된다. 실제로 이해력이나 암기력이 부족해서 영어나 수학을 포기해야 할 정도로 지독하게 어려운 시험문제는 출제되지 않는다.

과목을 이런 식으로 설불리 분류하지 말고, 해당 과목을 선입견 없이 그대로 받아들일 필요가 있다. 더구나 우리나라의 교육과정은 통합되는 방향으로 바뀌고 있다. 과거에는 인문계와 자연계로 선을 그어놓고 사회는 인문계만 배우고 과학은 자연계만 배우는 식이었다. 하지만 앞으로는 고등학교에서 인문계와 자연계의 구분이 사라진다.

따라서 기본적인 과목별 공략법을 미리 정해놓고 시작하는 것은 좋지 않다. 최적의 공부법은 개인마다 다르기 때문이다. 간단히 과목별로 적용해 볼 수 있는 기본적인 공부법을 정리해 보기로 한다. 이 방법을 바탕으로 해서 자신에게 맞게 수정 보완해 나가면 될 것이다.

📖 수학

어쩔 수 없다. 대한민국 학생이라면 수학을 멀리해서는 절대 안 된다. 일단 친해지도록 노력하고, 친해질 수 있다고 믿어야 한다. 수학은 단계를 잘 밟아 나가야 하는 과목이다. 그렇다고 개념을 익히고 문제풀이만 반복하는 식으로 해서는 안 된다. 개념 정리와 개념 적용 문제를 동시에 진행한다. 그렇게 한 과정이 끝나면 다시 처음부터 틀렸거나 부족한 부분을 정리하고 넘어가도록 한다. 다음 과정으로 넘어갈 때는 자신에게 맞는 교재를 정하고, 주기적으로 전 단계를 적절히 복습한다.

수학 공부 5계명

1 개념서와 문제집을 동시에 공부하라.

2 주기적으로 오답을 복습하라.

3 모든 문제는 연습장에 풀어라.

4 하루에 한 문제라도 매일 꾸준히 풀어라.

5 수학은 자신감이다.

국어

지금은 수학 강사를 하고 있지만, 사실 나는 고등학교 때 국어 성적이 가장 좋았다. 제일 좋아하는 과목도 국어였다. 중학교 때부터 독서를 좋아한 것이 많은 도움이 되었다. 지금 당장 독서를 열심히 하라는 말은 아니지만, 국어 공부를 떠나서라도 제발 독서는 하자.

국어 공부는 핵심 포인트를 어떻게 잡을 것인가? 국어도 여러 분야로 나눌 수 있다. 문법, 문학, 비문학 등으로 분류한 다음 각 항목별로 공략하는 방법이 있다.

나는 국어 공부는 크게 두 가지로 나누어서 했다. 우선 교재를 잘 선택했다. 서점에 가서 국어 교재를 보면 '문학 100편', '시 100선' 등으로 정리되어 있는 것이 있다. 군이 책 100권을 읽지 않더라도 '문학 100편' 교재를 보면 마치 내가 100권을 다 읽은 것과 비슷한 효과가 나도록 정리가 잘되어 있다. 크게 욕심내지 말고 교재에 들어 있는 내용을 하루 2~3편씩 공부하면 한 달이면 완성할 수 있다.

방학기간 특강을 적극 활용한다. 나는 학기 중에는 국어 학원을 따로 다니지 않았지만 시간 여유가 생기는 방학기간에는 국어 특강을 신청해서 들었다. 혼자 교재를 보고 공부하는 것도 좋지만, 전문 국어 강사가 들려주는 핵심 포인트 수업을 병행하면 기억이 오래 가고, 다른 시선으로 공부하는 방법도 알 수 있다.

국어 공부 5계명

1 매일 꾸준히 하라.
2 지문은 다 읽지 말고 센스로 파악하라.
3 문법은 공식이다. 암기하라.
4 방학기간에는 단기 특강으로 정리하라.
5 나는 한국인이다. 국어는 무조건 잘할 수 있다.

📖 영어

나는 영어를 썩 좋아하지 않았다. 대부분의 학생들이 어떤 과목을 좋아하고 싫어하는 가장 큰 이유는 바로 시험 점수 때문이다. 적당히 공부해도 성적이 잘 나오면 그 과목을 좋아하고, 아무리 해도 점수가 나오지 않으면 그 과목은 저절로 멀어지게 된다. 나 역시 영어 시험 점수가 잘 안 나왔다. 특히 듣기는 정말이지 대책이 없었다. 듣기 평가를 할 때면 내 성격이 그대로 나타났다. 그냥 들리는 대로 받아들이면 될 것을 몇 번을 돌려서 생각하는 것이었다.

듣기를 정복하겠다고 일요일 아침마다 TV의 영어 채널로 뉴스와 만화를 보고, 음악도 팝송만 들었지만 별 효과가 없었다. 대신 듣기를 제외한 다른 부분에 목숨을 걸고 공부했다. 그 결과 문법, 단어, 독해만큼은 자신 있게 할 수 있게 되었다.

영어를 공부한 사람치고 단어 공부 안 해 본 사람이 없을 것이고, 그 과정이 얼마나 짜증스럽고 고통스러운지 공감할 것이다. 그래도 어쩌겠는가. 단어를 알아야 모든 것이 시작되는 것을. 매일 연습장에 써가며 단어를 외웠다. 버스를 타고 가거나 틈날 때마다 단어책을 펴서 공부했지만 생각처럼 잘 되지 않았다.

단어만 별도로 외울 필요는 없다. 재미있는 독해 지문을 읽으며 즐겁게 단어를 외울 수 있고, 좋아하는 팝송을 듣고 가사를 외우며 단어를 외울 수도 있다. 단어를 외우는 가장 좋은 방법은 무조건 반복 또 반복이다. 그리고 다양한 환경에서 외우면 기억이 오래 간다. 단어를 활용해 문장을 만들어 보고, 독해 지문에 적용시켜 자극을 주는 게 좋다.

영어 공부 5계명

1 첫째도 단어, 둘째도 단어, 셋째도 단어이다. 즐겁게 외워라.
2 국어와 수학 공부하는 사이사이 수시로 반복하라.
3 영어도 언어이다. 평소에 한글과 더불어 활용하는 연습을 하라.
4 영어 문법은 공식처럼 외우지 말고 문장을 통째로 외워라.
5 매일 조금씩 틈새 시간을 영어로 채워라.

⚛ 과학과 사회

국어, 수학, 영어를 중요 과목으로 정해놓고, 과학과 사회 과목은 등한시하는 경우가 많다. 그러다 고등학교 3학년이 되어서야 수능시험에 대비해 과학과 사회를 반짝 공부한다. 많은 학생들이

과학과 사회는 단기간 해도 성적이 잘 나올 수 있다고 자신하는데, 어디서 그런 자신감이 나오는지 궁금하다.

과학과 사회가 국어, 수학, 영어에 비해 공부하는 양이 적을 수 있고, 암기를 통해서도 어느 정도 기본적인 성적이 나오는 과목이기는 하다. 그러나 수능시험을 떠나 과학과 사회는 우리가 살아가면서 기본적으로 공부해야 하는 내용들이다. 시험에 나오고 안 나오는 것을 떠나 기본적으로 알아두어야 할 내용들이다. 그렇기 때문에 학생 시절에 필수 과목이라는 마음으로 공부할 필요가 있다. 그래야 고등학교 3학년이 되어서 벼락치기 식으로 허겁지겁 하지 않아도 된다.

학교 시험 때는 과학과 사회도 열심히 공부해야 한다. 나는 시험기간에 최소한 시험 범위를 세 번은 훑어보려고 했다. 암기할 내용이 많기 때문이다. 세 번을 적절한 기간으로 나눠서 반복 공부했다. 무조건 암기만 하다가는 응용문제에 대한 대응이 힘들기 때문에 전반적인 내용을 이해하려고 노력했다. 과학과 사회는 전체 맥락을 이해하면 재미있는 내용이 생각보다 많다. 실생활에서 적용 가능한 내용들이 많아 신기할 때가 많다. 얼마든지 즐기면서 공부할 수 있는 과목이 바로 과학과 사회이다.

과학·사회 공부 5계명

1 필수 과목이라는 각오로 공부하라.

2 단기간 공부해도 된다는 생각은 버려라.

3 시험기간에는 최소한 세 번 반복 공부하라.

4 전반적인 내용을 이해하도록 하라.

5 실생활에 적용 가능한 내용들이다. 즐기면서 공부하라.

4 라이벌을 정해놓고 경쟁한다

학창시절에 나는 경쟁을 좋아하지 않는다고 생각했다. 누군가로부터 쫓기는 1등보다 적당히 2등이나 3등 정도면 좋다고 만족했다. 그러나 돌이켜보면 나는 계속 경쟁을 해왔고, 절대 지고 싶지도 않았다. 지고 싶지 않기 때문에 불안한 1등 자리를 원하지 않았던 것뿐이다. 사회생활을 하면서 나는 자신이 정말 1등이 되고 싶어 한다는 사실을 깨달았다.

고등학교 때 나는 과목별로 라이벌을 정했다. 반마다 특정 과목을 잘하는 친구들이 있기 마련이다. 물론 전교 1등, 반 1등이라는 존재는 압도적으로 많은 과목을 다 잘하는 편이지만, 그렇지 않은 경우도 더러 있다. 특히 우리 반에는 과목별 1등이 다양하게 있었는데 각자 나름대로 해당 과목의 1등이라는 자부심이 넘쳤다. 나는 수학과 국어, 국사 과목에서 1등을 달렸다.

나는 맘속으로 경쟁 상대를 정해놓고 성취감을 얻었다. 시험을 치면 전 과목 평균 전교 1등은 다른 아이 차지였다. 하지만 수학과 국어, 국사만큼은 내가 1등이라는 결과에 대단한 자부심을 느꼈다. 전교 1등을 하는 친구는 나의 이런 게임을 알 턱이 없지만 나는 그 게임에서 항상 그를 이겼다. 이렇게 자신만의 게임을 즐기는 것이다. 지는 게임은 생각할 필요가 없다. 이기는 게임만을 생각했다. 그런 과목이 하나씩 늘면 성취감이 따라서 커지고, 다른 과목에서도 이기고 싶은 열망이 생길 것이다.

강사 생활을 하면서 학생들끼리 경쟁하고, 서로 라이벌로 삼는 경우를 자주 보았다. 하루는 수업이 끝나고 교무실로 향하는데 고3인 한 학생이 다가와 물었다.

'선생님, R 학생 이번 모의고사 성적은 어때요?'

그가 궁금해하는 그 학생은 성적이 아주 뛰어났다. 이번에도 수학을 1등급 받았다고 답해 주었다. 점수가 얼마 나왔느냐고 묻기에 92점이라고 알려주었더니 그 학생은 씩 웃으며 돌아갔다. 나중에 확인해 보니 그 학생의 성적은 96점이었다. 항상 80점대 점수였는데 엄청나게 오른 것이었다.

그 학생은 누구에게도 말하지 않고 혼자서 R과 경쟁하고 있던 것이다. 수시로 R의 컨디션과 시험결과에 대해 내게 물어봤다. 또 어떻게 공부하는지, 하루 공부의 양이 어느 정도인지 확인했다. R의 변경점이 보이면 세세하게 반응했고, 그것을 치고 올라갈 생각만 했다. 그러면서 그 학생의 성적은 차츰차츰 상승했다.

그 학생은 라이벌을 통해 공부하고자 하는 열정을 찾고, 라이벌의 공부 방법과 자신의 방법을 적절히 배합하면서 자신만의 공부법을 만들어 나간 것이다. 이처럼 라이벌은 싸워 이기는 대상만이 아니다. 진정한 라이벌은 자신의 능력을 키우는 데 디딤돌이 되어 준다.

그런 의미에서 라이벌 친구를 정해놓고 경쟁하는 것은 재미있는 게임이면서 동시에 큰 자극이 되어 준다. 간단히 친구와 이번 시험에서 점수 내기를 하거나, 문제집을 누가 더 빨리 풀어 끝내는지 시합을 해도 좋다. 친한 친구와의 경쟁도 좋고, 자신이 벤치마킹 대상으로 정한 친구와의 경쟁이면 더더욱 좋다. 자신보다 더 우수하고, 더 열심히 하는 친구를 라이벌로 정하고 도전하는 것이다.

당연한 말이지만 자신보다 더 게으르고, 더 열심히 하지 않는 친구를 라이벌로 삼는 것은 의미가 없다. 오히려 불필요한 자기만족만 키울 수 있고, 자신의 성적 향상에 도움을 기대하기 힘들다. 그런 라이벌을 통해서는 자극을 얻지 못한다는 말이다. 그러니 반드시 자신보다 뛰어난 친구를 라이벌로 정한다.

나아가 타인이 아니라 자기 자신을 라이벌로 삼으면 엄청난 일이 일어날 수 있다. 자신과의 경쟁을 통해 멋진 결과를 얻을 때가 많다. 학원 강사 업무는 밤 10시면 마무리된다. 하지만 나는 그때부터 본격적인 업무를 시작한다. 학부모 상담을 하고, 학생들이 숙제해 온 연습장을 하나하나 검사하고 첨삭한다. 그리고 이튿날 수업에 필요한 자료를 만들고 프린트까지 하고 퇴근하는데, 그러면 새벽 2~3시를 넘기기 일쑤이다. 그래서 학원에서 가장 늦게 퇴근하는 강사라고 불렸다.

물론 늦게 퇴근하고 싶어서 그런 것은 아니다. 스스로 정한 룰을 지켜나가다 보면 시간이 금세 갔다. 성공으로 가기 위한 자신과의 싸움이었다. 업무를 완벽하게 처리하고 퇴근하는 새벽길은 약수터 물보다 상쾌하고 낮보다 찬란하다. 자신과의 경쟁을 벌이는 나의 이런 모습을 학원 측과 학생들은 매우 긍정적으로 받아들였다. 금세 학생 수가 늘고 학원에서도 가장 열심히 하는 강사라는 이미지가 다른 강사들과 관리자, 원장에게 각인되었다.

이처럼 라이벌이라는 존재는 타인이 될 수도 있고 나 자신이 될 수도 있다. 라이벌은 굳이 싸워 이기려는 대상이 아니라 나 자신을 끌어당기는 열망의 불씨가 되어 준다. 그리고 목표를 가리키고 방향을 잃지 않도록 안내하는 등대 역할을 해주기도 한다.

데드라인을 정하는 것도 좋은 방법이다. 마감시간을 정하는 것이다. 예를 들어 이번 주까지 확률과 통계의 3단원 연습문제까지 다 풀겠다고 정한다. 이 마감시간을 계획표에 분명하게 기록해 두고 이를 지키기 위해 치열하게 노력한다.

데드라인을 정해놓지 않으면 자신이 정한 룰과 타협하기 쉽다. '어차피 누가 아는 것도 아니고, 나만 아는 내용인데 좀 늦어진다고 무슨 상관이야.'라는 식으로 생각하게 된다. 이런 부작용을 미리 차단하기 위해 단호하게 마감시간을 정해놓고, 그것을 지키지 못할 때는 심각하게 반성한다. 데드라인을 지키기 위해 밤을 새는 각오도 해야 한다.

물론 그게 생각처럼 쉽게 되지는 않을 것이다. 자신과의 싸움, 스스로 시한을 정해놓고 그걸 지키려고 노력하는 것은 어려운 일이다. 하지만 자신과의 싸움에서 이겼을 때 맛보는 성취감은 타인과의 경쟁에서 이겼을 때에 비할 바가 아니다. 앞으로 어떤 일이든 해낼 수 있다는 자신감으로 충만하게 될 것이고, 그 효과는 너무도 크다. 그런 식으로 지속적으로 해나갈 수 있다면 아마 세상에 못 이룰 일이 없을 것이다.

거듭 강조하지만 라이벌을 정하고 자신과의 경쟁도 시작하길 바란다. 처음부터 큰 목표를 세울 필요는 없다. 작게라도 시작이 중요하다. 평소에 숙제를 제대로 안 했다면 숙제를 제대로 하는 것을 목표로 시작한다. 핸드폰으로 SNS를 하루에 3시간 넘게 들여다본다면 이를 1시간으로 줄이는 것을 목표로 삼아도 좋다. 학교 수업시간에 자느라고 정신이 없었다면, 오늘부터 그 시간을 딱 절반으로 줄이는 것을 목표로 삼고 도전해 보자. 영어단어 하루에 5개 외우기를 실천해도 좋다. 이런 멋진 경쟁을 시작하는 것만으로도 미래 목표의 절반은 이룬 것이나 다름없다.

5 자신에게 맞는 수면시간을 확보한다

　나도 잠 때문에 어머니와 얼마나 신경전을 벌였는지 모른다. 어떤 부모님은 세상에서 가장 어려운 일이 아침에 자식 깨우는 거라고 한다. 스스로 벌떡 일어나는 학생도 있겠지만, 그렇지 못하고 아침마다 전쟁을 치르는 친구들이 훨씬 더 많다. 같은 처지의 학생들이 많다고 위안으로 삼을 일은 아니다. 제대로 된 수면 습관을 통해 공부를 정복해 나가야 한다. 진짜 적은 아침에 깨우는 부모님이나 잠이 아니라 바로 여러분 자신이다.

　많은 수험생이 수면시간이 부족하다고 하소연한다. 잠이 부족해 늘 피곤하고 공부해도 머리에 잘 들어오지 않는다고 말한다. 한국인들의 적정 수면시간은 7시간 내지 8시간이라고 한다. 그러나 한국 학생들의 평균 수면시간은 중학생 7시간, 일반계고 학생은 5시간 반, 특성화계고 학생은 6시간 정도라는 통계가 있다.

　고등학생의 경우 대부분 밤 12시에서 새벽 1시쯤 잠자리에 들었다가 아침 6시에서 7시 사이에 기상한다. 9시에 학교수업이 시작되면 오후 5시쯤 끝나고, 저녁식사 후 야간자율학습을 하거나 학원에서 추가 학습을 진행한다. 밤 10시 넘어 집에 돌아와서 씻고 남은 공부를 하거나 과제를 하고 나면 취침시간은 그 이후로

늦어진다. 턱없이 부족한 수면시간이다.

그러면 어떻게 적정 수면시간을 확보할 것인가. 나도 고등학교 시절 새벽 2시가 넘어서야 잠자리에 들었다. 그리고 아침 7시쯤 기상했으니 평균 5시간 정도 집에서 수면시간을 가진 셈이다. 그래서 나름대로 수면시간을 확보하기 위한 대책을 세웠다.

나의 계획은 학교에서 30분 정도 부족한 취침시간을 채우는 것이었다. 등교해서 1교시 수업 시작 전까지 30분 정도 여유 시간이 있었다. 그때 10여 분 가볍게 눈을 붙였다. 그리고 수업시간의 공백을 최대한 활용했다. 조금이라도 일찍 수업이 끝나면 5분이라도 잠을 자기 위해 자세를 취했다. 그리고 저녁식사 이후 야간자율학습에 들어가기 직전에도 30여 분의 시간이 있는데, 그때 10분 내지 15분 정도 쪽잠으로 에너지를 보충했다.

이때 중요한 것은 너무 많이 자지 않도록 하는 것이다. 낮잠과 같은 쪽잠은 30분을 넘기면 뇌가 깊은 잠이 든 것과 동일하게 인식해 신체리듬이 수면상태로 바뀐다는 연구결과가 있다. 그렇게 하면 잠에서 깨고 난 다음 피로를 더 많이 느끼고, 집중력이 흐트러지면서 잠에 취한 상태가 된다. 그러니 쪽잠은 30분을 넘기지 않는 게 좋다.

부족한 수면시간의 나머지 30분 내지 40분은 독서실에서 보충했다. 저녁 9시 반에 학교 야간자율학습이 끝나면 학교 바로 앞에 있는 독서실로 자리를 옮겼다. 그리고 친구들과 밤 10시부터 야식을 먹으며 드라마를 봤다. 50여 분 스트레스 해소하고 11시에 드라마가 끝나면 책상으로 돌아가 공부를 시작했다. 그러면 여지없이 잠이 쏟아졌다. 처음에는 잠을 쫓아내려고 발버둥치기도 했지만 소용없다는 것을 깨달았다. 하는 수가 없다. 그렇게 졸리면 자는 수밖에 없다. 아니, 지금 무슨 소릴 하는 거냐고?

그렇게 할 거면 그냥 집에 가서 편하게 자는 게 낫지 않느냐고 반문할 수 있다. 그러나 억지로라도 책상에 앉아 있으면 한 문제라도 더 풀고, 영어단어 하나라도 더 외운다. 이 이야기는 뒤에서 더 상세히 설명하도록 하겠다. 40여 분 정도의 꿀맛 같은 잠을 자고 나면 정신이 없다. 앞서 말했듯이 쪽잠이 30분을 넘기면 뇌가 수면상태라고 인식하기 때문이다. 사실은 이런 상태에서 하는 공부가 모여서 기적을 만든다. 나는 컨디션 좋은 상태, 집중력이 좋은 상태에서 하는 공부와 이런 졸린 상태에서의 공부를 번갈아가며 했다. 그렇게 하니 마치 새로운 공간, 새로운 환경에서 공부하는 것 같은 착각이 들기도 했다. 이처럼 다양한 장소, 다양한 시간에 하는 공부가 의외로 효과적이다.

그렇게 약 한 시간 정도 공부를 하는데 실제로 그 시간에 많은 문제를 풀지는 못한다. 암기도 제대로 되지 않는다. 그러나 이렇게 공부함으로써 새로운 자극을 얻는다. 몇 문제라도 더 풀고, 이

것이 반복되면 공부한 양도 늘어나는 것이다.

주말에 늦잠 자는 것은 주의해야 한다. 평소의 흐름을 유지하는 것이 좋다. 주말의 늦잠은 꿀맛이라고, 그래야 쌓인 피로가 풀린다고 반박할 수 있다. 하지만 전체적인 리듬을 흐트러뜨리기 쉽다. 잠은 잘수록 늘며, 자칫 피로가 풀리는 게 아니라 더 쌓일 수 있다. 물론 너무 피곤하거나 몸이 좋지 않을 때는 충분한 수면이 필요하지만 주말마다 늦잠을 자면 득보다 실이 더 크다. 차라리 점심식사 후 가볍게 낮잠을 자는 게 더 효과적이다.

수면시간이 부족하다는 타령만 하는 건 곤란하다. 소풍 전날, 수학여행 전날 어땠는지 생각해 보자. 기분에 들떠 잠이 제대로 오지 않는다. 잠을 설치다 뒤늦게 겨우 잠이 들지만 아침이 되면 누가 깨우지 않아도 벌떡 일어난다. 낮 시간 내내 수면부족으로 피곤하지도 않다. 신이 나서 소풍을 가고, 수학여행에서 친구들과 웃고 떠든다. 적정 수면시간은 중요하지만 시간이라는 것은 상대적인 숫자에 불과하다. 자신의 열정과 꿈, 믿음으로 얼마든지 이겨낼 수 있다.

수면시간이 부족해 정 견디기 힘들면 임시로 보충하는 방법이 있다. 휴대용 배터리를 가지고 다니며 쓰듯이, 우리의 몸과 영혼을 위해서 쓰는 임시 충전 방법이다.

첫 번째 방법은 눈을 쉬게 하는 것이다. 눈을 잠시 감는 것만으로도 우리의 몸과 마음은 한결 평온함을 느끼고, 눈을 뜨면 재충전된 기분을 느낄 수 있다. 눈은 '영혼의 창'이라고 한다. 눈을 뜨고 무언가를 바라보는 매 순간 뇌의 신경세포는 정신없이 정보를 받아들이고 처리하느라고 에너지를 소모한다. 눈을 감는 순간 수많은 뇌신경의 흐름이 잠잠해지며, 우리는 평온한 느낌을 얻게 된다. 더불어 영혼에 휴식을 주고 충전하는 효과를 얻을 수 있다.

더 효과적인 방법은 양 손바닥을 기도하듯 모아서 문지른 다음 두 눈에 대는 것이다. 이때 눈은 뜨고 있도록 한다. 손바닥에 에너지를 모은 후 눈에 보내면 피곤해진 눈에 열기와 함께 에너지를 충전시키는 효과가 있다. 공부할 때나 장시간 운전으로 눈이 피로하고 따끔거림을 느낄 때 이런 눈 체조를 한 번 해보라. 금방 효과를 느낄 수 있을 것이다.

그 다음 방법은 내가 삼성전자에 근무할 때 배운 것이다. 오전 7시 반에 출근하면 7시 50분부터 10분 동안 사내방송으로 좌식 아침체조를 보여준다. TV에 남녀 한 명씩 의자에 앉은 채 가벼운 체조를 하는 영상이 나오고 직원들은 그것을 보며 따라했다. 좌식 체조는 액션이 크지 않다. 목 스트레칭, 팔 스트레칭, 어깨를 돌리며 하는 어깨 스트레칭, 허리를 곧게 펴고 심호흡 하는 등 주로 스트레칭 위주의 체조이다. 그런데 효과가 좋다. 아침 일찍 출근해 피곤한 신체 곳곳에 에너지를 보내고, 뇌에 긍정적인 전기 신호를 보냄으로써 하루의 시작을 활기차게 해주는 효과가 있다. 따라 하기도 쉽다.

그러나 위에서 말한 눈 체조와 아침 좌식체조는 부족한 수면으로 인해 지친 몸과 영혼에 임시로 충전 효과를 내는 것일 뿐이다. 꾸준히 자신의 꿈을 실현하고 공부로 목표를 달성하기 위해 무엇보다도 자신에게 맞는 수면시간을 유지하는 것이 중요하다. 잠자는 시간을 아깝게 생각하면 안 된다. 충분한 수면은 열정적으로 일상을 살아가는 데 꼭 필요한 필수 조건이다.

6 좋아하는 과목부터 시작한다

공부하기 싫은 마음이 가득 찬 상태에서는 공부를 습관화하기 힘들다. 이럴 때는 좋아하는 과목이 무엇인지 찾아서 그것부터 먼저 습관화하도록 한다. 운동도 마찬가지이다. 처음에는 자신이 좋아하는 운동부터 먼저 시작하는 게 좋다. 줄넘기, 달리기, 농구, 축구 등 좋아하는 운동, 좋아할 만한 운동부터 시작한다. 그게 운동 습관을 자리 잡는 데 도움이 된다.

공부 습관이 잡혀 있지 않고, 성적이 잘 나오지 않는 학생일수록 좋아하는 과목부터 시작하도록 한다. 좋아하는 과목이 하나도 없는 경우에는 어떻게 해야 할까? 그럴 때는 최소한 좋아할 만한 과목, 많은 과목 중에서 그나마 친해지고 싶고, 잘하고 싶은 과목이 하나라도 있으면 그것부터 시작하면 된다.

나는 수학을 좋아하는 반면 영어 공부는 죽기보다 싫었다. 수학도 다른 과목보다 그나마 좋았다는 것이지, 정말로 좋아한 것은 아니었다. 어찌됐건 학생이 공부는 해야 하는 것이니 피할 수 없다면 즐겨야 하지 않겠는가.

좋아하는 과목을 조금씩 해나가다 보면 호기심이 생기고, 서서히 '공부하는 습관'이 만들어지게 될 것이다. 일단 시작하는 게 중요하며, 제일 가볍게 첫걸음을 옮길 수 있도록 해주는 게 좋아하는 과목이다.

공부 습관이 일단 자리를 잡기 시작하면 서서히 욕심이 생기게 될 것이다. 다른 과목 공부를 시작해도 되지 않을까 하는 자신감이다. 좋아하는 과목만 가지고는 전체 성적을 올리기 어렵고, 입시 준비가 제대로 되지 않기 때문이다. 이런 점을 스스로 깨닫는 시점이 올 것이다.

좋아하는 과목을 통해 공부 습관이 생기면 집중력도 향상된다. 집중력은 공부하는 데 있어서 제일 중요한 요소이기도 하다. 싫어하는 과목을 공부할 때는 집중력이 흐트러지고 금방 싫증이 난다. 해도 안 된다는 생각, 도무지 실력이 향상되지 않는다는 초조감이 든다. 좋아하는 과목을 공부하면서 집중력이 커지면 싫어하는 과목에서도 집중력이 발휘되는 것을 알 수 있다.

전 과목 평균 성적이 6등급에서 7등급 수준인 고3 학생이 처음 나를 찾아왔다. 시험점수로는 10점대에서 20점대 수준이었다. 공부를 제대로 해 본 적이 없는 아이였다. 자기 입으로 단축 수업을 하는 시험기간이 제일 즐겁다고 했다. 시험기간이면 남들은 시험 공부를 하러 독서실, 학원으로 가는데 그 학생은 당구장에서 필살기를 연마했다.

수학을 싫어하지 않는다는 게 그나마 불행 중 다행이었다. 좋아하는 정도는 아니지만 수학을 싫어하지 않는다는 게 신기했다. 국어, 영어 점수는 형편없었다. 일단 싫어하지 않는 과목인 수학부터 시작했다. 일주일에 세 번, 3시간의 학원 수업이 이루어졌고, 차근차근 개념 설명을 듣고 기본 문제부터 반복해서 풀기 시작했다. 숙제도 수업시간에 푼 것을 다시 풀어오라고 내주었기 때문에 큰 어려움은 없었다. 문제를 두 번씩 반복해서 풀도록 했다. 숙제를 하려니 당구장 대신 독서실에 앉아 있는 시간을 늘릴 수밖에 없었다. 이런 생활을 2주 정도 하고 나서 국어와 영어 공부도 시작했다. 수학 숙제 사이사이에 국어 공부와 영어단어 외우기 등의 숙제를 추가했다. 3개월 만에 그 학생의 성적은 놀랄 정도로 향상되었다. 평균 20점대인 점수가 90점대로 뛴 것은 아니지만, 과목별로 평균 30점 이상씩 올랐다. 수능까지는 아직 7개월이 남아 있었다. 그 학생의 마음과 신체에 서서히 자리 잡기 시작한 공부 습관은 더 큰 기적을 향해 나아가고 있었다.

이처럼 모든 일이 일단 시작을 해야 실천하는 과정이 생기고, 좋은 성과를 얻을 수 있다. 시작을 하기에는 좋아하는 과목이 쉽고, 습관을 키워나가는 과정에도 좋아하는 과목의 공부가 도움이 된다.

공부는 일단 재미있어야 한다. 재미없고 어려우면 공부하는 방식을 바꿔서라도 재미있게 하도록 노력한다. 그날의 컨디션에 영향을 많이 받는 학생일수록 더 그렇다. 우선 책상에 앉으면 좋아하는 과목의 책을 펼친 다음 차분한 마음으로 공부 워밍업을 시작한다. 격렬한 운동을 시작하기 전에 준비운동부터 먼저 하는 것과 마찬가지 이치이다.

좋아하는 과목으로 머리와 손, 마음의 스트레칭을 시작한다. 그러면 눈이 뜨이고 뇌의 에너지가 활성화되기 시작한다. 흥미가 생기고 공부에 자신감이 커진다. 그리고 꿈과 목표를 적은 시각화 문구와 사진이 서서히 일어나는 열정에 불을 붙인다. 그러면 공부 준비는 끝이다! 이제 시작하면 된다.

좋아하는 과목을 너무 오래 붙잡고 있을 필요는 없다. 워밍업이 끝나면 다음 과목으로 넘어가자. 좋아하는 과목 공부 다음에 시작할 과목은 자신이 가장 싫어하고 어려워하는 과목으로 한다. 집중력과 열정의 시간 배분에 대해 잠시 설명해 보자. 수험생의 집중력이 높은 수준으로 유지되는 시간은 1시간에서 2시간 정도이다. 사실 이 시간에 여러 과목의 공부를 다 하기는 어렵다. 그러나 두 과목은 충분히 할 수 있다.

과목별로 시간 배분 방법이 다르다. 예를 들어 영어를 좋아한다면 처음 30분은 영어 공부를 하고, 나머지 한 시간 반은 가장 싫어하는 수학 공부를 한다. 그리고 조금 휴식을 취한 후, 영어 다음으로 좋아하는 사회를 30분 정도 공부한다. 그리고 수학 다음으로 싫어하는 국어를 한 시간 정도 한다. 이런 패턴을 반복하는 것이다. 내가 무슨 말을 하려는지 이제 눈치 챘을 것이다. 그렇다. 짧은 시간 공부를 하더라도 좋아하는 과목을 한 다음 가장 싫어하는 과목을 하는 식으로 번갈아 계획을 짜라는 말이다. 두 시간의 공부 시간이 정해져 있는 상황에서 좋아하는 과목만으로 두 시간을 모두 채우지는 말아야 한다.

나는 고등학교 시절 다양한 공부를 한꺼번에 하기를 좋아했다. 금방 지루함을 느끼는 성격 때문이기도 하지만, 짧고 굵게 집중력 있게 하는 것이 효과적임을 알았기 때문이다. 세 시간의 학교 야간자율학습 동안 세 과목을 골고루 진행했다. 좋아하는 수학을 30분 공부하고, 다음에는 싫어하는 영어와 국어를 이어서 30분 내지 한 시간 정도 했다. 조금 쉬고 나서 다시 수학 30분을 하고, 영어와 국어 공부를 이어서 하는 식으로 계속했다.

자율학습이 끝나고 독서실에 가서도 이런 패턴을 시간만 조금 차이가 있을 뿐 동일하게 진행했다. 수학 공부를 30분 동안 하고 난 다음 영어와 국어, 그리고 사회와 과학을 조금씩 했다. 한 과목을 두 시간 이상은 하지 않았다. 한 과목을 두 시간 넘게 하면 집중력도 지속되지 않고 금방 질렸다. 질리면 다른 공부도 하기 싫어진다. 지속적으로 재미있게 호기심을 가지고 집중력을 발휘하기 위한 나만의 비법이었다. 물론 가방이 무겁다는 단점은 있다. 다행히 지금은 학교며 독서실에 개인 사물함이 있어 책을 보관할 수 있으니 이러한 '패턴 공부법'을 활용하는 데 크게 어려움이 없을 것이다. 절대 어렵다고 겁먹지 말자. 좋아하는 과목, 좋아해야 하는 과목을 먼저 시작하는 방법으로 기적을 만들어 내자.

7 수업시간에 다른 과목 공부는 하지 않는다

학원에서 수업을 시작하려는데 한 학생이 손을 들더니 책이 없으니 복사를 해달라고 했다. 책은 어디 두고 학원에 왔느냐고 했더니 학교에서 선생님에게 뺏겼다고 했다. 학생이 공부하는 책을 빼앗고 돌려주지 않는 학교 선생님이 원망스럽기는 했지만, 사정을 들어 보니 뺏길 만했다. 영어 수업시간에 수학 숙제를 하다 그렇게 된 것이었다.

내가 학교 다닐 때도 수학 시간에 영어 공부를 하고, 국어 시간에는 수학 공부를 하는 친구가 꼭 있었다. 그러다 선생님에게 걸려 혼나고 책을 뺏기는 경우도 있었다. 최소한 해당 과목의 수업시간에 다른 공부를 하지는 말아야 한다. 수업시간의 활용도를 높이기 위해 해당 과목 수업시간에는 그 과목 공부를 한다.

모든 수업시간에 집중하고 열심히 수업에 임하는 게 좋다. 나는 효율성을 굉장히 중요하게 생각한다. 선생님의 수업이 자신의 학습에 도움이 되고 안 되고는 본인이 판단하겠지만, 그런 가운데서도 몇 가지 기준을 정할 필요가 있다.

선생님의 수업이 나의 공부에 도움이 되는가? 수업시간에 선생님이 하는 학과와 상관없는 이야기가 재미있고, 동기부여가 되고 자극제 역할을 하는가? 선생님이 수업시간에 던지는 말 속에 내신 시험에 도움이 되는 힌트가 담겨 있는가? 이런 질문에 하나라도 '예스.'라는 답이 나온다면 수업에 집중하는 것이 좋다.

그러나 단 하나도 '예스.'가 없다면? 그때는 나름대로 수업시간을 달리 활용할 대책을 세워야 한다. 학생이니 학교에 안 갈 수는 없고, 해당 수업을 듣지 않을 수도 없다. 하지만 그 소중한 수업시간을 허투루 보내기에는 너무 시간이 아깝다. 그렇다고 수업시간에 선생님의 수업을 완전히 포기하고 다른 짓을 하라는 것이 아니다. 더 효율적으로 활용할 무슨 방도를 찾아보라는 것이다.

선생님의 수업이 자신에게 도움이 안 된다고 느껴지는 이유가 있을 것이다. 수업 내용이 어렵거나 강의 내용 자체의 난이도가 자기와 맞지 않을 수 있다. 너무 쉬워서 그렇게 느끼는 경우도 있을 것이다. 이럴 때는 자신의 수준에 맞는 교재를 따로 구해 풀면서 수업에 집중하면 좋다. 내가 고등학교 다닐 때는 수학 수업시간에 진도를 나가던 교재가 《수학의 정석-실력》이었다. 내가 다닌 사립고에서는 학생들을 빡세게 공부시키기 위해 혈안이 되어 있었다. 그래서 가장 어려운 문제집으로 학교 수업을 진행했다.

많은 학생들이 수학을 포기하기 시작했다. 특히 《수학의 정석-실력》 연습문제로 수업이 진행될 때는 수업을 듣는 학생이 거의 없었다. 들어도 무슨 소린지 알 수 없기 때문이었다. 물론 잘하는 친구들은 그것도 쉽다고 딴짓을 했다. 중요한 점은 그런 전쟁 같은 수업시간을 현명하게 활용하는 친구들이 있었다는 사실이다. 수업은 따라가지 못하기 때문에 본인의 수준에 맞는 문제집을 가져와 푸는 것이었다. 그런 상황에 대해 수학 선생님도 이해해 주셨다. 어쨌거나 그 친구들은 수학 시간에 수학 공부를 했던 것이다. 물론 그 시간에 학원 숙제를 하는 건 곤란하다.

이처럼 수업시간에 다른 교재를 공부하거나 문제집을 푼다고 해서 수업과 완전히 동떨어진 공부를 해서는 안 된다. 해당 수업에 적용되는 내용에 대해 공부하도록 한다. 그래야 수업 중 선생님이 해 주시는 설명이 조금이라도 기억에 남고, 활용할 수 있는 기회가 생길 수 있다. 그리고 본인이 푸는 내용과 수업 내용이 자연스럽게 연결되기도 쉽다.

수업시간에 집중하는 것도 요령이 필요하다. 특히 시험기간이 다가오면 대놓고 시험의 힌트를 주는 선생님이 있는 반면, 어떤 선생님은 농담으로 던진 힌트가 시험에 출제되기도 한다. 그러니 각 수업의 분위기 파악이 중요하다. 그러니 더더욱 수업시간에 다른 과목을 공부하면 안 된다. 수업하는 과목의 흐름을 알고 있어야 한다.

생각해 보면 굳이 수학 시간에 국어 공부를 하고, 영어 시간에 수학 공부를 할 필요가 없다. 그런데도 마치 일부러 삐딱하게 행동하려고 하는 것 같은 학생들이 있다. 공부하려고 책상에 앉는데 어머니가 '공부 좀 해!'라는 말을 하면 갑자기 공부가 하기 싫어지는 것과 비슷한 현상이다. 수학 시간이 되면 왠지 수학 공부가 하기 싫고, 영어 시간에는 영어 공부가 하기 싫어지는 것이다.

첫 번째로 중요한 것은 마음가짐이다. 자신의 선택으로 공부할 때의 성취감은 크지만, 누군가로부터 등을 떠밀려 억지로 공부한다는 느낌이 들면 아무 성취감도 느낄 수 없다고 생각하는 것이다. 그런데 무엇이 더 중요한가? 공부를 하는 행위가 중요하고, 그로 인해 자신의 실력이 향상되는 것이 중요한 것 아닌가.

두 번째는 정해진 시간을 온전히 받아들이지 못하는 데 있다. 수학 공부를 하는 시간이면 수학을 공부하고 노력하는 자세를 가져야 하는데, 수업시간과 자신을 분리시키려고 하는 것이다. 수학 공부가 싫은 것을 떠나 수학 선생님이 싫어서일 수도 있고, 수학을 잘 못하는 자신을 받아들이지 못하기 때문이기도 하다. 자신을 있는 그대로 받아들이고, 수학 수업시간에 앉아 있는 자신을 인정해야 한다. 그래야 그 주어진 조건 안에서 최선을 다할 수 있다.

성실하고 창의력이 뛰어난 한 젊은 대학생이 군에 입대했다. 무서울 정도로 조직화된 생활, 개인의 자유와 개성이 철저히 차단된 공간에서 그는 적응하기 힘들어했다. 하지만 주어진 상황을 받아들여야 한다. 다른 생각을 하거나 탈영을 꿈꿔서는 안 되는 것이다. 군대라는 공간과 시간에 놓인 자신을 인정해야 한다. 마지못해 버티는 것이 아니라, 주어진 상황을 인정함으로써 그 안에서 나름대로 자신의 위치를 찾고, 삶을 제대로 유지해야 한다.

지금 여러분이 앉아 있는 공간, 지금 진행되는 공부에 집중하자. 수학 수업시간에는 수학 공부에 집중하고, 영어 수업시간에는 영어 공부에 집중하자. 지금 자신이 있는 곳에서 최선을 다할 때 최대의 성과를 만들 수 있다.

순간을 소중히 생각하고 사랑할 줄 알아야 더 큰 꿈과 미래라는 시간의 주인이 될 수 있다.

⟨8⟩ 최고의 비결은 예습과 복습

선생님들은 물론이고 공부법 책에서 한결같이 하는 이야기가 있다. 공부는 예습과 복습만 철저히 하면 절반은 한 거라고. 그러나 구체적으로 예습과 복습을 어떻게 해야 하는지, 어떻게 자신에게 맞는 공부 방법을 정할지에 대해서는 말해 주지 않는다. 지금부터 왜 예습과 복습이 중요하고 필요한지에 대해 꼼꼼히 생각해 보도록 하자.

여행을 가기로 하면 제일 먼저 무엇을 하는가? 먼저 여행 목적지를 정한 다음 교통편을 검색하고, 여행지의 맛집 등을 알아보고 일정을 짠다. 이런 과정은 아주 일반적이고 기본적인 것이다. 여행을 가려면 이 정도는 해야 하는 것처럼 공부도 마찬가지이다. 어떤 과목을 공부하기로 마음먹으면 그 과목이 어떤 내용으로 구성되어 있고, 공부할 양이 얼마나 되고, 어느 부분이 어려울지 쉬울지 미리 파악하는 것이 필수이다.

예습은 두 가지 패턴으로 진행한다. 첫 번째는 선행학습이다. 선행은 예습의 적극적인 방법이다. 그러나 선행에 대한 생각이 강사마다 다르다 보니 공부하는 학생 입장에서는 어떤 방법이 맞는 선행인지 제대로 이해하지 못하는 경우가 많다. 선행은 자신의 목표에 부합하도록 계획에 맞게 해야 하며, 무조건 미리 한다고 효과적인 것은 아니다.

네이버 카페를 통해 한 학생의 어머니가 문의를 해오셨다.

"아이가 중학교 2학년 올라가는데 고등학교 2학년 선행을 해줄 수 있으신가요?"

그래서 학생이 민족사관고등학교^{민사고}나 자사고인 상산고등학교, 아니면 과학고등학교 진학을 준비하고 있느냐고 물었더니 그냥 인문계로 진학할 생각이라고 했다.

"인문계를 갈 건데 중학교 2학년부터 미리 고2 과정을 선행하실 필요는 없습니다. 차라리 지금 공부하는 내용에 충실하고, 선행을 한다면 고1 과정 정도 반복하는 게 낫습니다."

어떤 시기에 어떻게 선행을 하는 게 좋을까. 선행은 향후 1년 정도 과정까지 하고, 그것도 한 학기 정도가 좋다. 예를 들어 중학생이 고등학교 과정을 선행하고자 한다면 중학교 3학년 여름방학 때부터 시작해도 늦지 않다. 너무 빠른 선행학습은 학습에 대한 학생의 호기심과 적극성을 떨어뜨리는 계기가 되기도 한다. 모든 과정을 차곡차곡 쌓아가는 것이 중요하지 무턱내고 진행하는 선행학습은 모래성을 쌓는 것과 마찬가지로 무의미하다.

선행학습의 효과도 시간과 비용을 투자한 것에 비해 그리 크지 않다. 적당한 시기에 적당하게 하는 선행이 효과적이다. 선행학습 결과에 욕심을 내지 말아야 한다. 선행학습의 기대치는 30%~40% 정도로 생각하는 것이 옳다. 즉, 선행 이후 다음 과정으로 넘어갈 때 40% 정도의 경험칙經驗則과 이해도가 있다면 그 선행은 성공한 것이다.

고등학생의 선행 계획은 인문계와 자연계에 따라 다소 차이가 있지만 일반적으로 한 학기 정도가 적당하다. 다만 자연계는 학습할 내용의 양이 많고 과정이 어렵기 때문에 1년 정도의 양을 한 번은 선행하는 것이 좋다. 그러나 선행학습을 하지 않았다고 해서 실패한 학습법은 아니다. 선행을 전혀 하지 않고 매 학기 충실히 공부해서 좋은 성적을 올리는 학생도 많기 때문이다.

예습의 두 번째 패턴은 선행학습 프로그램보다 훨씬 더 쉽고 간단하다. 그러나 가장 실행하지 않는 방법이기도 하다. 방법은 간단하다. 여행지에 도착해서 여행 지도를 보는 것과 마찬가지이다. 어떤 과목을 공부하기로 마음먹고 교재를 책상 위에 올려놓은 다음 제일 먼저 하는 행동인데, 바로 목차를 보는 것이다. 목차에는 앞으로 공부할 내용의 모든 흐름과 핵심 주제가 적혀 있다. 목차를 통해 어떤 내용을 공부할지 미리 파악해 보는 것이다.

목차를 확인하는 행위만으로도 알찬 예습이 된다. 공부할 단원이나 내용으로 들어가기 전에 목차를 한 번 쓰윽 확인한다. 확인하는 방법은 이렇다. 우선 한 페이지씩 넘겨 가며 양이 얼마나 되는지 파악한다. 그리고 어떤 내용이 담겨 있는지 대충 파악한다. 아는 내용이 있는지, 처음 보는 내용인지, 신기한 내용은 있는지, 어렵게 보이는 내용이 있는지를 보는 것이다. 이것이 가장 기본적이면서도 핵심적인 예습 방법이다.

자신을 돌아보자. 수업 전에 미리 공부할 내용을 살펴본 적이 있던가. 자신이 공부할 내용이 무엇이고, 양은 얼마나 되는지도 모른 채 공부를 시작하고, 어설프게 마무리하지 않았던가. 예습은 운동 전에 하는 가벼운 스트레칭 같은 것이라고 생각하면 된다. 어렵게 생각할 필요도 없다. 공부할 방향과 내용을 미리 알고 진행하는 것만으로도 제대로 하는 것이다.

여행을 다녀오고 나면 무엇을 하는가? 여행지에서 찍은 사진을 정리하고 그 중에서 잘 나온 사진을 골라 SNS에 올리거나 현상해서 방 한쪽에 붙여놓지 않는가. 또 함께 여행 다녀온 사람들과 만나면 그때를 추억하며 이야기를 나누고 즐거워하지 않는가. 공부도 마찬가지이다. 어떤 부분을 공부했다면 뭐가 중요했는지 살펴보고, 그 중에서 가장 중요한 부분을 체크하거나 기록해 놓도록 한다. 그리고 일정 시간이 지나면 중요한 부분을 다시 살펴보며 머리와 가슴에 한 번 더 각인시킨다. 이것이 복습이다.

복습은 한마디로 되새기고 각인시키는 과정이다. 사람은 망각하는 존재이다. 소중한 기억도 시간이 지나면 기억에서 사라지기 마련이다. 안타까운 일이지만 망각이 있기에 사람이 성장하는 것이기도 하다. 우리 뇌는 쓸모없고 쓰이지 않는 지식과 기억을 빠르게 삭제해 나간다. 더 중요하고 쓸모 있는 기억들이 차지할 자리를 마련해야 하기 때문이다. 이런 과정은 우리가 의식적으로 조절할 수 있는데, 그 방법이 바로 효율적인 복습이다.

그러면 복습은 어떻게 할까. 수업이 끝나고 쉬는 시간에 공부한 내용을 훑어봐야 할까? 아니면 독서실에 가거나 집에 돌아가서 할까. 공부한 당일 복습하는 것이 좋을까? 아니면 며칠 지난 뒤 복습하는 게 좋을까? 방법은 자신이 안다. 하고 싶을 때 하면 된다. 단, 하고 싶을 때를 미리 계획표에 정해두고 한다. 복습은 예습처럼 어렵지 않다. 그냥 공부한 내용을 한 페이지씩 넘기며 눈으로 보고, 중요 표시 해놓은 부분에 시선을 잠시 멈추고, 여유가 되면 한 번 써 보거나 다시 풀어 보는 것도 좋다. 언제 하는 게 중요한 것이 아니라 한 번이라도 반드시 실천하는 것이 중요하다.

복습을 진행한 부분과 하지 않은 부분에 대해 테스트해 보면 복습의 효과를 제대로 파악할 수 있다. 제대로 된 복습법은 무조건 한 번은 다시 보고, 일주일이든 한 달 안에든 다시 반복해 보는 것이다. 반복이라고 해서 공부한 내용을 처음부터 그대로 되풀이하라는 것은 아니다. 가볍게 살펴보고, 중요한 부분을 확인하면 된다. 그렇게 하면 우리 뇌는 복습한 내용을 중요한 기억이라고 판단하고 착실히 저장고에 쌓아놓는다.

　예습과 복습은 공부의 기본이고 필수이며 핵심이다. 기본을 소홀히하면 아무것도 이루지 못한다. 이 기본을 충실히 지키는 것이 바로 1% 공신들의 공부 비결이다. 사실 이것은 비결이라고 할 수도 없다. 왜냐하면 누구나 알고 있고, 누구나 실천할 수 있는 방법이기 때문이다. 그럼에도 비결이라고 부르는 것은 실행하는 학생이 의외로 적기 때문이다.

　자, 지금부터 멋진 자기만의 방법으로 실천해 보도록 하자.

9 틀린 문제는 두 번 반복풀기로 정복한다

    학생들이 숙제해 온 것을 검사하다 보면 흥미로운 공통점을 발견하게 된다. 맞은 문제는 큰 동그라미를 하는 반면, 틀린 문제는 작게 틀림 표시를 한다. 그리고 모르는 문제는 별표시를 하는데 역시 동그라미보다 사이즈가 작다. 맞음 표시를 크게 하면서 자신감을 갖는 것도 중요하지만, 진짜 실력을 키우기 위해서는 틀린 문제와 모르는 문제에 더 애착을 가져야 한다.

    그래서 나는 학생들에게 맞은 문제는 굳이 표시하지 말라고 한다. 그 대신 틀린 문제는 눈에 더 잘 띄게 표시를 하라고 한다. 자기가 틀렸다는 사실, 자신의 부족함을 인정하는 것이 실력 향상의 출발점이다. 그래서 틀린 문제를 더 자주 보고 체험하도록 해야 한다. 그렇게 해야 본격적인 공부가 시작된다. 공부는 자신이 아는 내용을 확인하는 것이 아니라, 부족한 것을 찾아내 그것을 보완하고 개선해 나가는 과정이다.

    아는 문제만 풀고, 맞음 표시를 통해 자기만족을 구하는 것으로는 안 된다. 심지어 틀린 문제에 오답 표시를 하지 않는 학생들도 있다. 숙제 100문제를 하고 그 가운데서 90개는 맞고 10개가 틀렸다고 치자. '아, 나는 90개는 알고 10개는 모르는구나. 이 정도면 많이 아는 거지.'라고 만족하고 넘어가는 학생과 '어, 10개나 틀렸네. 왜 틀렸지? 확인해 봐야겠네.'라고 오답 표시를 하고 검증하는 학생의 자세 중에서 어느 쪽이 더 바람직한지는 물어보나 마나이다.

다시 말해, 틀린 문제를 정복해 가는 과정, 틀리는 문제를 줄여 가는 것이 바로 실력을 향상시켜 나가는 과정이다. 실수도 실력이다. 실수로 틀렸다 하더라도 틀린 것이다. 자신의 실수에 관대하면 안 된다. 실수를 만나면 회피하지 말고 반가운 마음을 가져야 한다. 그건 실력을 올릴 수 있는 기회를 만난 것이기 때문이다. 실수를 줄이고 틀리는 문제를 하나씩 해결해 나가다 보면 실력과 성적이 자연스럽게 오르는 기적을 경험하게 된다.

틀린 문제를 정복하는 방법은 간단하다. 자주 보고 반복하는 것이다. 최소한 두 번 반복해서 읽도록 한다. 왜? 라고 생각할 수 있겠지만, 내가 10년 넘게 학생을 지도한 결과 얻어낸 수치이다. 틀린 문제를 단 한 번도 다시 보지 않는 학생이 생각보다 많다. 틀린 문제를 한 번 보고, 시험 전에 다시 한 번 점검하는 것만으로도 엄청난 성적 향상을 볼 수 있다.

다양한 문제를 많이 풀어 보는 것이 중요하기는 하다. 그러나 문제집 한 권을 여러 번 푸는 게 효과적이라는 이야기는 많이 들어 보았을 것이다. 그런데도 많은 학생들이 문제집 한 권을 반복해서 풀기를 꺼린다. 대부분의 학원에서도 문제집 한 권을 다 풀고 나면 그 문제집을 반복하기보다는 다른 문제집으로 넘어가 버린다. 같은 문제집을 다시 보는 게 더 효과적이다.

같은 문제집을 다시 본다고 해서 문제집에 있는 문제 모두를 처음부터 다시 풀 필요는 없다. 처음 풀 때 중요한 문제, 틀린 문제, 실수했던 문제, 몰랐던 문제들만 골라서 푸는 것으로 충분하다. 그러기 위해 책에 풀이 흔적이 없어야 좋다. 답을 체크해 두지 말고, 틀림 표시와 별 표시만 해놓도록 한다.

같은 문제집을 두 번째 풀면서도 틀리거나 계속 모르는 문제는 다른 색 펜으로 틀림 표시를 거듭 해둔다. 그리고 일정 시간이 지난 뒤 처음부터 다시 점검하면서 틀린 문제들만 한 번 더 풀고 확인한다. 이렇게만 해도 매우 효과적인 공부를 하게 된다. 나는 고등학교 3학년을 지도할 때 일정 수준의 레벨이 되는 학생들에게는 수능 기출 문제집을 한 권 사도록 하고, 그것을 최소한 세 번씩 풀게 한다. 틀린 문제를 최소한 두 번 이상 보게 하는 전략이다.

고등학교 1학년, 2학년도 마찬가지이다. 기본적인 문제집, 응용문제집, 내신문제집으로 수업을 진행하는데, 시험 전까지 최소한 두 번은 보도록 계획을 세우고, 그대로 진행한다. 교과서와 학교에서 배포한 프린트도 최소한 두 번은 반복한다. 다시 말하지만, 한 번 보는 학생은 많지만 반복해서 여러 번 보는 학생은 생각보다 적다.

두 번 반복하기 전략은 수학에만 적용되는 것이 아니다. 모든 과목에 적용이 가능하며, 그 효과는 동일하다. 암기 과목에서도 매우 효과적인 전략이다. 두 번 읽기 전략을 좀 더 효과적으로 실행하는 방법이 있는데, 한 번 푼 다음 바로 반복하지 않고 일정 기간 지난 뒤 다시 보는 것이다. 한 번 공부한 내용을 충분히 숙성시킨 후 반복하면 더 효과적인 학습이 될 수 있다.

숙성 기간의 정도는 사람마다 다른데, 길게 잡아도 한 달은 넘기지 않는 것이 좋다. 짧게는 3일에서 일주일 정도 지난 다음 다시 반복하면 좋다. 그래서 적당한 복습 기간을 계획표에 잡아놓고 일정 주기로 반복한다. 특히 시험기간이 다가오면 갑자기 공부할 내용과 양이 늘기 때문에 정작 중요한 반복 타이밍을 놓치기 쉽다. 그렇기 때문에 시험기간 전에 최소한 한 번 이상 반복할 수 있도록 일정을 잡는다.

나름대로 열심히 하는데 시험을 보면 성적이 늘 20점에서 30점대 사이를 오르내리는 고1 학생이 학원 신입생으로 들어왔다. 나름 성실하고 숙제도 열심히 해왔다. 첫 숙제부터 그 학생의 문제점이 무엇인지 눈에 보였다. 채점을 전혀 하지 않는 것이었다. 채점을 하지 않으니 오답 정리도 하지 않았다. 다시 강조하지만 숙제를 비롯해 공부할 때 제일 중요한 것은 틀린 문제를 파악하고, 시간과 정성을 들여 오답 정리를 하는 것이다.

일단 이 부분에 대해 아이를 설득하고 채점과 오답을 하라고 시켰는데 시험까지 시간이 얼마 남지 않았다. 수학 시험만 보는 것도 아니기 때문에 무작정 숙제를 많이 내주기도 어려웠다. 그래서 공격적으로 '두 번 반복하기' 전략을 썼다.

우선 학생에게 자료를 주며 핵심 필수 문제만 풀도록 필요한 문제마다 표시를 했다. 그 학생은 내가 표시한 문제만 풀고 오답을 꼼꼼히 해왔다. 많은 문제가 아니라 전략상 '꼭 필요한 문제', '반드시 시험에 나올 문제' 위주로 풀게 했다. 그리고 4일 뒤 틀린 문제만 다시 반복해서 풀도록 했다. 시험기간이기 때문에 기출문제도 중간에 하나씩 풀도록 했다. 그리고 또 일주일 뒤 두 번째 반복풀이를 시켰다.

결과는 최고였다. 그 학생이 한 번도 받아 본 적 없는 80점대를 맞은 것이다. 시험에 어려운 문제만 출제되지는 않는다. 그리고 어떤 선생님이 출제하더라고 해당 과정에서 반드시 점검해야 하는 필수 문제가 정해져 있다. 주어진 시간이 부족했지만, 딱 필수 문제는 풀 수 있도록 훈련한 결과였다.

물론 이렇게 하는 것을 진정한 공부라고 하기는 힘들다. 그야
말로 시험을 잘 보기 위한 훈련일 뿐이다. 그러나 '두 번 반복하
기' 전략은 효과적인 공부법임이 분명하다. 노력하는 만큼 성과
가 보여야 공부하는 맛이 생긴다. 그리고 그 성과를 토대로 진정
한 자신만의 공부법을 찾아가게 하면 된다. 다시 말해, 공부하는
재미가 생기도록 만드는 게 중요하다.

:10 언제 어디서든 틈새공부를 한다

틈새공부에 대한 이야기는 많이 들어 보았을 것이다. 등하교 시간에 영단어를 외우고, 수업과 수업 사이 쉬는 시간에 예습과 복습을 하고, 점심시간을 활용해서 공부하는 등 짧은 시간을 활용하는 방법은 얼마든지 있다. 하지만 그게 말처럼 쉽지 않다. 등하교 시간은 친구들과 이야기하느라고 영단어 볼 시간이 없고, 쉬는 시간에 공부라니! 쉬는 시간은 쉬어야 하지 않는가! 그리고 점심시간에 공부라니! 밥을 먹었으면 소화를 시켜야지 무슨 공부란 말인가! 게다가 교실은 시끄러워 집중도 안 되고, 친구들로부터 날아오는 낯간지러운 시선을 감당해야 한다. 그렇다면 언제 틈새공부를 할 수 있을까?

우선 세 가지 틈새공부 방법에 대해 이야기해 보자. 쉬는 시간과 점심시간을 활용해 공부하라는 이야기는 절대로 하지 않겠다. 나도 그렇게 하지 않았고, 실제로 효과적이지도 않다. 쉬는 시간에는 그냥 푹 쉬는 게 낫다. 차라리 수면시간을 확보하기를 권한다.

틈새공부 요령

1 과목의 특징을 살려서 한다.

2 고난이도 문제 해결에 활용한다.

3 수업 중 자유 시간을 활용한다.

첫 번째 틈새공부법은 과목의 특징을 잘 살려서 하는 것이다. 일일계획에서도 다뤘지만 영어단어 외우는 시간을 길게 잡을 필요는 없다. 수학 공부 한 시간과 국어 공부 한 시간 사이에 영어단어 외우는 시간을 10분에서 15분 정도 넣자. 즉, 한 시간에서 두 시간의 계획 사이에 20분 내외의 틈새시간을 만들어 활용하는 것이다.

긴 시간을 들여 공부해야 하는 과목이 있는가 하면, 틈새시간을 활용해 반복적으로 하는 게 더 효과적인 과목도 있다. 영어단어 암기와 사회와 과학의 소단원 내용을 한 번 훑어보는 것은 틈새공부를 이용하는 게 좋다. 그리고 긴 공부 사이에 짧게 틈새공부를 배치함으로써 뇌의 다양한 활동을 촉진하는 효과도 누릴수 있다.

그렇기 때문에 틈새시간에 꼭 학과목 공부만 할 필요는 없다.

자신감을 키우고 의식 확장에 도움을 주는 일반 도서를 읽어도 좋고, 음악을 들어도 좋다. 다양하게 시간을 활용함으로써 공부의 집중력을 높이고, 효과를 높이는 기회로 활용하는 것이다.

두 번째 틈새공부법은 고난이도 문제 해결에 활용하는 것이다. 어려운 문제를 만나면 바로 해설을 보지 말고, 며칠 동안 시간을 갖고 숙성시킨다. 해당 문제를 연습장이나 이면지에 따로 기록해 두고 틈날 때마다 보며 고민하는 것이다. 그리고 샤워하거나 이동 중에 가벼운 마음으로 문제를 머릿속으로 되새김질한다.

나는 고등학교 시절에 어려운 수학 문제를 만나면 이면지에 문제를 적어놓고 주머니에 넣어 다니며 틈날 때마다 꺼내보았다. 이렇게 생각해 보고, 저렇게도 생각해 보고, 그러다 갑자기 실마리가 잡히면 곧바로 풀어 보았다. 그래도 해결이 안 되면 계속 가지고 다녔다. 자면서 생각하고 화장실에 가서도 생각했다. 그렇게 며칠이 지나면 신기하게도 문제가 풀렸다. 그때의 쾌감은 정말 말로 표현할 수가 없다. 또한 그렇게 풀어 본 문제는 아무리 오랜 시간이 지나도 잘 잊어 먹지 않는다. 치열한 고민과 깨달음을 통해 온전히 자신의 것이 되었기 때문이다.

이런 이야기를 하면 소위 '재수 없어!'라고 생각할지 모르겠다. 아니면 속으로 '너는 수학을 좋아하니까!'라는 핀잔을 줄 수도 있겠다. 그래도 속는 셈 치고 내 말대로 해 보기 바란다. 꼭 수학에만 국한되는 것이 아니다. 도저히 외워지지 않는 영어단어, 과학 이론, 역사 용어도 이런 방법을 통해 내 것으로 만들 수 있다. 즉 뇌와 마음을 틈날 때마다 활용하는 것이다. 어떤 문제든 간절히 원하고 반복해서 생각하면 반드시 답이 나온다. 그렇게 얻은 답이 해설에 적힌 풀이와 1백 퍼센트 같지 않을 수도 있고, 정답에서 다소 동떨어진 답이 나올 수도 있다. 하지만 깊이 고민하면서 생각한 많은 개념과 풀이가 선명하게 뇌리에 박히는 효과가 있다. 답이 틀리면 어떤가.

어느 날 학생이 이런 질문을 했다. '그렇다면 며칠 동안 문제를 숙성시켜야 하죠?' 얼마나 오래 고민해 보고 나서 해설을 보거나 선생님에게 질문하는 게 좋으냐는 질문이었다. 정답은 없다. 하루 이틀, 혹은 몇 주가 될 수도 있다. 그 답은 각자 자신만이 가지고 있다. 얼마나 그 문제에 대해 깊이 고민하고, 얼마나 간절히 외우기를 원하는지는 각자의 믿음과 열정의 정도에 따라 다를 것이기 때문이다.

그래도 마냥 몇 주 동안 수학 문제 하나를 풀기 위해 고민하기는 힘들다. 나는 최대한 일주일의 시간을 가지는 것이 좋을 것이라고 학생들에게 권한다. 일주일이 지나도 해결이 안 되면 해설을 참조하라는 말이다. 하지만 해설을 보고 그냥 넘어가지 말고 며칠 뒤 반드시 다시 풀어 보는 노력이 필요하다. 진짜 자신의 것이 되었는지 검증하는 것이다.

세 번째 틈새공부법은 학교 수업시간을 활용하는 것이다. 학교에서 쉬는 시간만큼은 걱정하지 말고 푹 쉬자. 그런데 수업시간에 돌발적으로 자유 시간이 주어지는 경우에는 곧바로 틈새공부로 활용하도록 한다. 수학 수업 중이었다면 수학 공부, 영어 수업 중이었다면 영어 공부를 하는 식으로 해당 수업시간에 맞춰 공부하는 것이 좋다. 그래야 공부하다 모르는 내용이 나오면 곧바로 선생님에게 질문할 수 있다.

더구나 이런 식으로 활용하면 주변 친구들의 눈치를 받을 일도 없다. 수학 수업이니 수학 문제를 풀면서 시간을 보내는 척하면 되기 때문이다. 물론 '척'은 아니고 실제로 공부하는 것이지만. 친구들의 시선에 신경을 쓰지 말라는 것이다.

지금까지 세 가지 틈새공부법을 소개했다. 큰 일정 사이에 10분 정도를 쪼개어 틈새공부를 하는 방법, 어려운 문제는 바로 해설을 보지 말고 묵혀 두면서 수시로 생각하며 고민하는 방법, 돌발적인 학습시간을 잘 활용하는 방법이었다. 자신의 일상을 돌아보면 더 많이 활용 가능한 틈새시간이 분명히 있고, 그에 맞춰 다양한 틈새공부 방법을 찾을 수 있을 것이다. 자신에게 맞는 새롭고 독창적인 틈새공부가 진짜 효과적인 공부법이다.

내가 말하는 틈새공부의 핵심은 쉬는 시간에는 푹 쉬고, 그러면서 다양한 틈새시간을 이용하자는 것이다. 쉬는 시간을 쪼개어 틈새공부를 하려고 하면 메인 공부시간에는 피곤해서 효과적인 학습이 되지 않는다. 제대로 쉴 줄 알아야 학습 효과도 올릴 수가 있다.

그러니 쉬는 시간을 활용하거나 잠을 줄이며 틈새공부를 하는 것은 좋지 않다. 틈새공부는 메인 공부가 잘 되도록 도와주는 윤활유 역할을 한다. 처음에는 학습계획표에 간단히 적어놓고 실천해야겠지만, 가급적 빨리 이를 습관화시키는 것이 좋다. 틈새공부도 자연스럽게 진행되도록 하는 것이다.

Chapter

04

시간관리
시스템을 만든다

∶1 공부의 마스터키는 시간관리

　전교 1등을 하는 학생은 시험기간에 몸이 아파도 성적에 크게 차이가 없다. 물론 평소에 꾸준히 공부한 덕분도 있겠지만, 그보다 더 큰 영향을 주는 포인트가 있다. 위기의 순간에도 목표를 달성할 수 있게 해주는 최선의 '시간관리'를 해온 덕분이다. 공부를 별로 하지 못한 상태에서 시험기간이 임박해도 시간관리라는 공부의 마스터키가 작동하면 좋은 결과를 얻을 수 있다.

　단순히 벼락치기 비법을 설명하고자 하는 것이 아니다. 철저한 시간관리 비법으로 성공의 마스터키를 손에 쥘 수 있다. 시간관리를 제대로 하기 위해서는 먼저 자신이 시간을 어떻게 소비하고 관리하는지에 대해 정확히 파악할 필요가 있다. 나름대로 철저히 계획표를 작성하고 시간을 관리한다고 해도 꼼꼼히 분석해 보면 낭비되는 시간이 많음을 알 수 있다. 이렇게 낭비되는 시간만 줄여도 큰 효과를 낼 수 있다.

　방학 시즌이 되면 학생들에게 일자별, 주간별 계획표를 작성해서 책상 앞에 붙여놓고 공부하라고 시킨다. 계획표를 작성하기 힘들다며 내게 부탁하는 학생들이 더러 있는데, 그러면 나는 그 학생과 상담을 통해 계획표를 작성해 준다. 그런데 시간이 지나 학생의 공부양 등을 파악해 보면 이상한 현상을 보게 된다. 계획 표대로 시간관리를 하면 일정한 수준의 성과가 나타나야 하는데 그렇지가 않았다. 학생과 상담을 진행하고, 자습하는 태도를 분석해 보았더니 두 가지 문제점을 파악할 수 있었다.

첫 번째는 학생이 일정대로 공부하려고 책을 펴놓고는 있지만 전혀 집중을 못한다는 것이었다. 수학 공부를 한 시간 하는 동안 세 문제 푸는 학생도 있었다. 한 문제를 풀고는 멍하니 넋을 놓고 있는가 하면, 잠시 쉰다며 핸드폰으로 SNS에 접속하면 시간 가는 줄 모르고 가상 세계에 빠지는 학생도 있었다. 아무리 계획을 작성한다고 해도 이처럼 낭비되는 시간이 너무 많은 것이다.

두 번째는 시간을 제대로 지키지 않는 학생이다. 수학 공부를 한 시간으로 잡아놓았지만 어려운 문제에 빠져서 그 다음 과목 시간까지 넘어가 버리는 것이다. 결국 수학 공부 다음에 해야 하는 영어 공부는 시작도 못한 채 지나가 버린다. 어려운 문제를 잡고 씨름하는 과정은 중요하지만 미리 정해놓은 시간관리의 큰 틀은 지키도록 해야 한다.

이런 경우에는 무슨 해결책이 있을까? 우선 자신의 학습 습관을 재검토한다. 공부 중간에 딴 생각을 많이 하지는 않는지, 넋 놓고 있는 시간이 많지는 않은지, 핸드폰에 빠져 지내는 시간은 얼마나 되는지, 왜 집중을 못하는지 등에 대한 분석이 필요하다.

이를 통해 낭비되는 시간을 찾아내 그것을 줄이는 노력을 한다.

집중이 안 된다면 집중을 잘할 수 있는 방법을 찾는다. 뭔가 딴 생각이 들 것 같으면 얼른 일어나 물을 마신다거나, 책상 앞에 붙여놓은 자신의 목표를 바라본다. 지금 수학 공부에 집중이 잘 안 되면 다른 과목으로 바꾸어서 공부해 본다. 핸드폰으로 무슨 연락이 올까 봐 계속 신경이 쓰인다면 전원을 꺼두거나 핸드폰을 멀리 떨어진 곳에 두도록 한다.

실제로 공부를 한 시간 하는 동안 10분 공부하고 나머지 50분은 핸드폰을 들여다보는 학생이 있었는데, 정작 자신은 낭비하는 시간이 그토록 많은지 몰랐다. 그래서 핸드폰을 잠시 수거해서 공부하도록 했더니 평소보다 5배나 많은 양의 문제를 풀었다. 이처럼 낭비되는 시간만 줄여도 공부의 양을 몇 배 늘릴 수 있다. 그렇게 하면 집중력이 향상되어 고난이도 문제에 대한 접근도 쉬워진다.

낭비되는 시간에 대해 조치를 취한 다음에는 자신에게 주어진 시간을 어떻게 쓰는지 명확하게 인식하도록 한다. 가끔 삶의 방향을 잃고 그냥 멍하게 지내는 모습을 보이는 아이들이 있다. 시험이 코앞인데 학원에도 가지 않고 PC방에서 시간을 보내거나 하루 종일 도서관에 앉아 문제 하나 겨우 푸는 자신을 깨닫고 후회하기도 한다. 목표를 잃어 버렸기 때문에 생기는 일들이다.

돋보기로 햇빛을 초점 한 곳으로 모으면 불이 붙는 것처럼 목표가 명확하면 마음속 엔진에 불을 붙일 수 있다. 초점만 제대로 맞춘다면 이루지 못할 목표가 없다. 목표를 달성하기 위해 '해야 할 일'의 우선순위를 매기면 시간은 충분하다. 그렇게 세워놓은 목표를 잠시도 잊지 않기 위해 다양한 방법을 구사해야 한다. 가장 눈에 잘 띄는 곳에 시간별 계획표를 붙여놓고, 연습장과 메모장, 다이어리에 세부적으로 공부할 내용을 기록하고, 정해놓은 목표를 수시로 들여다본다. 그래야 목표를 향해 자신의 행동을 하나의 초점으로 모을 수 있다.

고등학교 1학년 때 몸이 좋지 않아 시험공부가 잘 되지 않던 시기가 있었다. 시험기간은 다가오는데 몸살기가 사라지지 않았다. 시험을 포기할 수는 없었다. 그래서 생각한 것이 집중이었다. 오래도록 공부할 몸이 아니라 짧은 시간에 공부를 끝내고 쉬는 방법을 선택했다. 야간자율학습 3시간 반 중에서 앞의 한 시간만 집중해서 공부하기로 했다. 저녁 먹고 난 뒤는 잠시 몸을 가눌 수 있었는데, 그 한 시간 동안 두 과목씩 집중해서 공부했다.

한 과목당 30분의 공부시간은 짧다고 생각할 수 있지만, 제대로 집중하면 필요한 양을 공부하는 데 충분한 시간이다. 쉬엄쉬엄 한두 시간 공부하는 것만큼의 효과가 있다. 암기 과목을 빠르게 줄을 그으며 진행하고, 이해 과목은 개념이 적용된 문제를 풀면서 빠르게 넘어갔다. 나름 핵심 개념과 핵심 문제라고 여기는 것과 수업시간에 선생님이 중요 표시해 준 것 위주로 공부했다.

그렇게 한 시간 공부하고 자율학습 나머지 두 시간 반은 잠을 잤다. 슬슬 몸살 약 기운이 올라오고, 어차피 공부도 잘 되지 않는 상태가 되었기 때문이다. 집에 가고 싶어도 당시 자율학습에서 빠지기는 매우 어려웠다. 할 수 없이 좋아하는 음악을 들으며 잠을 자고, 자율학습이 끝나면 학교 앞 독서실로 향했다. 그리고 또 한 시간 집중 공부 후 두 시간을 잤다. 그리고 새벽 1시에 집으로 돌아와 숙제를 마무리하고 잠자리에 들었다.

제대로 공부한 시간은 두 시간 정도이지만 충분한 시간이었다. 나는 이런 방법으로 집중적으로 공부해서 원하는 성적을 얻을 수 있었다. 자신에게 약점이 있다면 현실을 인정하고, 그 약점을 활용하면 된다. 나는 아플 때 집중력을 발휘해 공부하는 방법을 스스로 터득했다. 안 할 수는 없기 때문에 최후의 방법을 나름 생각해 낸 것이었다. 그리고 그 방법을 꾸준히 이어가고 습관화했다. 시간관리로 집중력을 발휘한다면 이루지 못할 일이 없다는 사실을 깨달은 것이다.

공부의 마지막 마스터키는 '휴식'이다. 공부하는 시간만 중요한 것이 아니라 공부하는 사이사이에 갖는 휴식도 중요하다. 휴식을 단지 '쉬는 시간', '버리는 시간'이라고 생각해서는 안 된다. 휴식은 앞서 공부한 내용이 뇌에 제대로 저장되는 작업을 하는 매우 중요한 시간이기 때문이다. 공부하는 순간에도 뇌에 기억이 되지만, 그것이 안정적으로 뇌에 저장이 되려면 뇌에 차곡차곡 정리되는 시간도 필요하다.

물론 과목별로 휴식 시간의 정도는 달리할 필요가 있다. 암기 과목을 공부한 다음의 휴식 시간은 수학 과목을 공부한 뒤보다 길게 잡는 것이 좋다. 그리고 적당한 반복을 통해 제대로 저장이 되었는지 확인할 필요가 있다.

고등하교 3학년이 되고부터는 많은 양의 공부를 빠른 시간 안에 해야 하기 때문에 마음이 조급했다. 매일 다양한 과목의 공부를 소화하기 위해 '집중'과 '휴식'이라는 마스터키를 적절히 배치하여 효과를 볼 수 있었다. 그런데 자신에게 맞는 공부의 마스터키를 알려주어도 이를 실행하는 학생이 드물다. 그냥 양 위주로 하거나, 집중력을 발휘하지 않고, 적당한 휴식을 취하지 않고 하는 공부는 큰 효과를 기대하기 힘들다. 지금부터라도 내가 제시하는 공부의 마스터키를 마음에 새기고 실천하도록 하자.

이제 마스터키의 세부적인 실천방안을 소개하도록 하겠다. 신나는 마음과 열정적인 눈으로 다음 페이지로 넘어가자.

＃2 추월차선 공부법을 활용한다

공부에도 때가 있다는 말이 있다. 할 수 있을 때 열심히 하라는 말이다. 나는 사실 공부에 '때'라는 것은 따로 없다고 생각한다. 본인이 마음만 먹는다면 언제든지 효과적인 공부를 해서 원하는 바를 얻을 수 있는 방법이 있다.

성과를 빠르게 올릴 수 있는 두 가지 추월차선 공부 시스템을 소개하고자 한다. 하나는 자신의 마인드를 변화시키는 방법이고, 다른 하나는 공부에 실제로 적용할 수 있는 실천 시스템이다. 원하는 꿈, 목표하는 바를 이루어 나가는 데는 온갖 시련과 어려움이 따를 것이다. 그것을 극복하고 성과를 올리기 위해서는 다음과 같은 마인드의 변화를 스스로 이루어야 한다.

마인드 변화

1 잠재의식을 활용한다.

2 항상 긍정적인 생각으로 공부한다.

3 빠르게 성과를 올리고 싶으면 큰 꿈을 꾼다.

4 자신의 잠재능력을 믿는다.

5 주어진 시간을 충분히 활용한다.

마인드의 변화는 대단히 중요하다. 이 변화 없이는 아무리 공부해도 밑 빠진 독에 물 붓는 것과 다르지 않다. 이 다섯 가지 모두 중요하지만 그 중에서도 특히 중요한 두 가지를 꼽는다면 '긍정적인 생각을 하는 것'과 '자신의 능력을 믿는 것'이다.

나와 일대일 공부를 한 어느 학생은 매사에 부정적이고 자신의 능력을 항상 낮게 평가하는 문제를 안고 있었다. 수학 점수를 50점 이상 받아 본 적이 없다는 부정적인 경험이 쌓여 있고, 부모님으로부터는 어린 시절부터 긍정적인 말보다 부정적인 말을 더 많이 들어서 좋지 않은 기억이 쌓여 있었다.

그런 상태로는 제대로 된 공부를 하기 힘들어 보였다. 이런 경우 스스로 의식의 변화 없이는 아무것도 이룰 수가 없다. 그래서 나는 '넌 할 수 있어!'라는 말과 '그래 잘했어!'라는 말을 계속 해주었다. 수학과 상관없는 나의 대학생활 이야기와 삼성에서 근무한 이야기, 강사가 되고 나서 나의 스토리를 다양하게 들려주었다. 그래도 그 학생은 쉽게 변화하는 모습을 보이지 않았다.

믿고 기다렸더니 6개월이 지나자 말투와 자세에 자신감이 보이기 시작했다. 수학 문제를 푸는 데도 자신감이 보였다. 생각과 말투에 긍정적인 내용이 나타나기 시작했다. 1년 뒤, 그 학생은 서울의 원하는 대학 컴퓨터공학과에 당당히 합격했다.

물론 그가 매우 우수한 학생이 되었다는 말은 아니다. 공부하

는 양도 턱없이 부족했다. 그럼에도 서울에 있는 대학에 합격할
정도의 성적이 된 것은 공부하는 자세와 마인드가 크게 변했기
때문에 가능했다. 이처럼 마인드를 바꾸면 아무리 어려운 과정이
라도 이겨낼 수 있다.

이렇게 태도의 변화를 이루고 난 다음에는 실질적인 추월차선
공부 시스템을 적용한다. 총 4가지로 누구나 실천할 수 있는 쉬
운 공부법이다. 실천하기 쉽고 단순하지만 그 효과는 엄청나다.

실천 시스템

1 쪼개기 학습

2 띄엄띄엄 반복학습

3 테스트 자주 하기 학습

4 휴식학습

첫 번째 학습법! '쪼개기 학습'은 말 그대로 공부할 양과 시간
을 쪼개는 것이다. 한 과목을 많은 시간 공들여 공부하는 것보다
공부할 내용을 잘게 쪼개어 짧게 조금씩 하는 것이다. 예를 들어
수학을 공부한다면 1단원 5문제, 2단원 5문제, 3단원 5문제 하는
식으로 하고, 공부 시간도 1시간을 넘지 않도록 한다. 영어 독해
도 마찬가지이다. 한 번에 독해 문제를 2시간 동안 공부하는 게

아니라, 독해 5문제, 문법 5문제, 단어 외우기 10개 하는 식으로 잘게 쪼개서 하는 것이다.

한 학생이 어느 날 숙제를 하나도 해오지 않았다. 이유를 물으니 국어 모의고사 숙제가 많아서 못했다는 것이었다. 어이가 없었지만 차근차근 일주일의 계획을 물어보았다. 그 학생은 모든 공부를 몰아서 하는 경향이 있었다. 화요일에 수학 학원이 있으면 월요일에 수학 숙제를 하고, 수요일에 국어 학원이 있으면 화요일에 국어 숙제를 하는 식이었다. 그러다 보니 월요일에는 수학 공부만 하고, 화요일은 국어 공부만 하는 식이었다. 그러다 한 번 숙제가 밀리면 다른 공부를 못하게 되는 구조였다.

나는 그 학생과 상담을 마친 다음 일정과 공부할 내용을 쪼개기 시작했다. 하루에 한 과목을 몰아서 하지 말고, 한 시간에 한 과목씩 잘게 쪼개서 하도록 했다. 예를 들어 수학 공부 10문제, 영어단어 10개 외우기, 국어 모의고사 15문제 하는 식으로 일정을 짰다. 그렇게 한 달을 하자 그 학생은 공부하는 재미를 느끼기 시작했다. 숙제를 조금씩 덜하기는 해도, 아예 하나도 해오지 않는 경우는 없었다.

두 번째 추월차선 시스템! '띄엄띄엄 반복학습'이다. 나중에 오답 노트 활용 부분에서 자세히 설명하겠지만 중요한 것은 반복이다. 사람은 한 번 공부한 것을 오래 기억하지 못한다. 짧으면

3일, 길게는 일주일이면 거의 잊어버린다고 한다. 그렇기 때문에 반복학습이 필요하다. 무턱대고 반복만 하면 진도가 더디게 나가기 때문에 적당한 수준으로 반복해야 한다.

또한 매일 반복만 하는 것도 좋지 않다. 3일마다 반복하는 게 제일 좋지만 실천하기는 쉽지 않다. 과목별로 반복주기와 횟수가 달라져야 하기 때문에 스스로 기준을 정해서 일정표에 반영시키도록 한다. 예를 들어 수학의 경우 틀린 문제 위주로 반복하고, 반복주기는 일주일에서 한 달 내외로 하는 게 좋다. 그러니 틀린 문제, 몰랐던 문제를 잘 표시해 두어야 한다. 영어의 경우 문법은 일주일 뒤 반복하고, 영어단어는 수시로 반복하는 게 좋다.

세 번째 학습법! '테스트 자주 하기 학습'이다. 공부는 열심히 하는데 실전에 약한 친구들이 있다. 이런 학생들에게는 테스트가 최고의 처방이다. 시험은 뇌에 많은 자극과 긴장을 주며, 그걸 통해 얻어지는 경험은 아주 오래도록 기억에 남는다. 한 달 전에 공부한 것은 기억하지 못해도, 같은 시기에 치른 학교 시험에서 틀린 문제는 기억하는 경우가 많다. 1년 전에 누군가에게 칭찬 들은 기억은 하지 못해도, 누군가에게서 얻어맞은 기억은 좀체 잊지 못한다. 시험을 통한 자극이 이와 비슷하다.

나는 학원에서 학생들에게 매일 수업 전에 짧게라도 테스트를 진행한다. 아주 어렵거나 새로운 문제가 아니다. 바로 전 시간에 배운 내용을 가지고 숫자 하나 바꾸지 않고 그대로 출제한다. 그런데 분명히 함께 공부하고 숙제를 했는데도 불구하고 시험 치면 틀리는 문제가 나온다. 그러면 틀린 문제를 다시 풀어오라고 숙제를 낸다. 이런 식으로 테스트를 통해 아이들에게 자극을 주면서 '띄엄띄엄 반복학습'이 함께 진행되는 것이다. 효과는 말할 것도 없이 아주 좋다.

네 번째는 '휴식학습'이다. 느닷없이 웬 휴식이냐고 할 수 있겠지만, 휴식은 정말 중요하다. 우리 뇌는 어떤 정보를 받아들이면 그것을 적절한 공간에 저장할지 말지를 결정한다. 정보 가운데서 자주 언급되거나 자주 생각되는 정보는 저장하고, 그렇지 않은 정보는 기억에서 지운다. 그래서 반복학습이 중요하다. 그리고 저장하는 데 시간이 필요한데 그게 바로 휴식 시간이다.

집중력을 발휘해 공부하고 나면 그것이 제대로 저장되도록 충분한 휴식을 취해 주도록 한다. 그런데 이처럼 중요한 휴식 시간을 제대로 갖지 않는 학생들이 많다. 여기서 말하는 휴식 시간은 온전히 자신만의 평온한 상태를 말한다. 휴식 시간을 잘못 이해해 노래방을 간다거나 PC방을 돌아다니고, 친구와 잡담하는 시간으로 생각하면 안 된다. 명상을 하라고 권하고 싶지만 이를 실천에 옮길 학생은 극히 적을 것이다. 명상 대신 제일 실천하기 좋은 휴식 시간은 잠이다. 수면을 통한 휴식은 힘들여 공부한 내용이 사라지지 않고 뇌에 온전히 저장될 수 있도록 해준다.

여기서 소개한 내용을 지금 당장 그대로 실행하기는 힘들 것이다. 먼저 공부하는 태도와 마인드를 바로 다지는 것이 필요하다. 그리고 차분히 자신에게 맞는 부분을 실행에 옮겨 나가며 효과적인 방법을 찾도록 한다. 자신만의 추월차선 시스템을 구축하는 데 도움이 된다면 그것으로 충분하다.

당장 시작하자!

3 삶의 우선순위를 정한다

"왜 수학 숙제를 해 오지 않았지?"

학생들에게 이렇게 물으면 여러 이유를 대는데, 많이 나오는 답은 대체로 이렇다.

"국어 공부를 하느라고 수학 숙제를 못했어요."

"수행평가와 학교 숙제가 너무 많아서 못했어요."

이런 핑계는 그나마 나은 편이다.

"바빠서 못했어요."

이렇게 한 마디 툭 던지고 마는 경우도 적지 않다.

학생은 공부하는 것이 본업이니 공부를 열심히 할 의무가 있다. 그런데 다른 일로 바빠서 숙제를 못했다는 게 정당화될 수 있는가? 친구 생일에 가느라고, 가족 여행 가느라고 숙제를 못했다는 건 말이 되지 않는다.

사람은 살면서 자신이 책임져야 할 일들이 있다. 그 일을 우선순위 상위에 두어야 한다. 어머니는 아침에 아이들을 깨우고 밥을 차려 주시며, 아버지는 힘들어도 출근을 하고 야근을 하신다. 모두 각자의 의무와 책임이기 때문에 받아들이는 일상이다. 학생은 공부가 우선적으로 해야 할 의무이자 책임이다. 그 무엇도 공부보다 우선할 수는 없다.

어머니가 내게 자주 문자를 보내는 학생이 있었다. 문자 내용은 아이가 학원에 제때 왔는지, 학원에서 공부는 제대로 하는지, 학원에서 언제 끝났는지 등을 묻는 내용들이었다. 이유인 즉, 아이가 학원 간다고 하고는 PC방에 가는 일이 잦기 때문이라고 했다. 한 번은 그 아이를 불러 상담을 진행했다.

"이제 고3이고 수능시험도 얼마 남지 않았는데 아직도 PC방 간다고 정신이 없냐? 선생님이 너 PC방 간다고 뭐라고 한 적 있어? PC방 가서 놀아도 돼. 스트레스 풀고 적당히 휴식도 하고. 그런데 학원 간다는 핑계를 대고 집에서 나와 PC방으로 가거나 하지는 말자. PC방에 가려면 쌤도 모르게 가라고. 너 때문에 쌤과 어머니의 시간과 에너지가 너무 소모되잖아. 그건 네가 책임질 수 있는 부분이 아니잖아?"

"저도 PC방 안 가려고 노력은 하는데 잘 안돼요. 공부해야겠다는 생각은 하는데 나도 모르게 발걸음이 PC방으로 가요."

"그럼 이렇게 약속하자. 3일마다 수학 문제를 50문제씩 풀어와. 그게 확인되면 다음날 PC방 네 맘대로 가서 놀아. 하지만 50문제가 안되면 그 주는 절대 PC방 가지 않는 거야. 만약 간다면 그때는 어머님께 사실대로 말하는 걸로."

"네 좋아요."

처음 며칠 동안 그 학생도 착실히 50문제 이상씩 공부를 해왔다. 그러다 조금 풀어지는 느낌이 들면 다시 자극을 주면서 지속적으로 공부를 하도록 이끌었다. 그 학생과 그런 약속을 한 이유는 아무리 말해도 PC방 가는 것을 억지로 막을 수는 없기 때문이다. 절대로 못 막는다. 돈을 차단해도 신기하게 PC방 갈 돈은 생기고, 집에 가둬놓아도 순간이동이라도 하는지 어느새 PC방에 가 있는 학생을 무수히 많이 보았다.

억지로 막지 못한다면 차라리 마음 편하게 갈 수 있는 길을 선택하도록 해주는 것이 좋다. 그 선택을 통해 공부도 하고, PC방에 가서 게임도 마음 편히 하도록 해주는 것이다. 그렇게 하다 보면 아이는 PC방에 가기 위해서는 어느 정도의 공부 양을 채워야 한다는 현실에 적응한다. PC방에 가서 마음 편히 즐기기 위해 공부를 하는 것이다. 그런 과정을 통해 공부가 삶의 우선순위 높은 곳으로 서서히 올라오도록 만든다.

학생이지만 자신의 삶에서 자발적으로 공부를 우선순위 상위에 두는 경우는 많지 않다. 좋아하는 취미라도 따로 있어서 그것을 우선순위 상위에 둘 수 있다면 그나마 다행이다. 고등학교 1학년인 한 학생은 미대에 갈 준비를 하고 있었다. 미대는 수학 과목에 대한 비중이 크지 않은데도 그 학생은 일주일에 한 번은 학원에 와서 수학 공부를 했다.

그 학생이 수학 공부를 하는 이유는 두 가지였다. 첫째는 대학 입시에서 선택의 폭을 넓히고 싶었다. 수학 성적을 안 보는 미대가 많기는 하지만 보는 학교도 있기 때문이다. 수학을 공부하지 않아서 좋은 기회를 날리게 될까 봐 공부하는 것이었다.

수학을 공부하는 두 번째 이유는 혹시 모르는 불안감 때문이었다. 처음 미대를 생각하고 중학교 3학년 때부터 준비한 것은 자신의 뜻보다 부모의 권유가 컸다. 시간이 지나면서 미대로 가기 싫어질 수도 있고, 다른 전공을 배우고 싶다는 생각이 들 수도 있기 때문에 수학 공부를 어느 정도는 해두고 싶었던 것이다. 그래야 나중에 수학을 열심히 공부해야 할 상황이 닥칠 때 큰 어려움 없이 적응할 수 있기 때문이었다.

그 학생의 경우 삶에 있어 중요한 우선순위는 미술이었다. 미대 입시라는 목표를 달성하고, 선택의 폭을 넓히기 위해 별로 힘들어 하지 않고 공부했다. 이 정도가 되면 좋다. 한 가지라도 삶의 우선순위, 목표가 있는 학생은 어떻게 해서든 공부를 한다.

놀아도 좋으니 꿈이 있어야 한다. 꿈이 없다면 꿈을 찾을 수 있는 행동을 한다. 게임이 좋다고 PC방에 가서 사는 것이 아니라, 게임 제작과정에 대한 자료를 찾아보고, 게임의 캐릭터가 등장하는 만화책도 보고 하면서 적극적으로 흥미를 가져 보도록 한다.

본인이 좋아하는 것을 진지하게 들여다보면 자신의 꿈과 미래를 위해 투자할 만한 일들이 보일 것이다.

실제로 내 남동생은 이런 식으로 전문대 게임제작학과를 졸업하고 판교에 있는 대형 게임회사에서 팀장으로 일하고 있다. 내 동생의 고등학교 시절 우선순위 제일 높은 곳에 있는 것은 게임이었다. 나와 부모님은 동생을 보며 걱정도 하고 잔소리도 많이 했다. 동생은 '하라는 공부'는 안 하고 만화책만 보고, 컴퓨터 게임과 갖가지 게임기를 구입해 오락만 했다.

하지만 내 동생은 단순히 '노는 것'만 한 것이 아니었다. 게임 제작과정을 담은 어려운 전공서적을 사서 보고, 캐릭터를 구상하는 스케치 서적도 봤다. 게임을 통해 자신의 꿈을 키운 것이다. 더 놀라운 것은 주변의 부정적인 시선에도 포기하지 않고 자신이 원하는 것을 향해 나아갔다는 사실이다. 자신의 꿈을 삶의 우선순위 상위에 명확히 올려놓았기 때문에 가능한 일이다.

지금부터라도 삶의 우선순위에 올려놓을 꿈, 미래, 목표를 생각해 두자. 작은 것이라도 좋다. 자신이 좋아하는 것이 무엇인지 생각해 보자. 딱 하나라도 생각이 든다면 우선 그것을 우선순위 상위에 놓고 시작하자. 그리고 책상에 앉아 그 꿈을 이루기 위해 지금 당장 필요한 것이 무엇인지 생각해 보자. 그러면 저절로 공부를 하게 될 것이다.

★4 월간계획, 주간계획, 일일계획을 세운다

월간계획	장기 목표에 맞춘다. 학기 중에는 시험기간 과목별 목표점수를 정하고 방학 때는 과목별 목표량과 선행학습 목표를 정한다.
주간계획	요일별로 하루에 한두 과목 몰아서 하는 공부는 금물. 매일 다양한 과목을 골고루 공부한다. '보완하고 완성하는 날'을 정해 복습은 반드시 한다.
일일계획	학교시간표를 함께 적어둔다. 세부적인 계획을 철저히 세운다. 과목별 수준에 맞춰 시간을 배정한다.

　꿈이 정해지고 구체적인 목표를 설정하고 나면 이제 그것을 가장 효과적으로 이룰 수 있도록 계획을 세운다. 열정이 이끄는 방향으로 나아가되 제대로 목표를 향해서 가고 있는지 꼼꼼히 확인한다. 과정을 차근차근 밟아 나가려면 철저한 계획을 세우는 것이 중요하다. 특히 공부할 과목과 내용이 많을 때는 계획을 정밀하게 세워서 시간관리와 자기관리를 철저하게 해야 한다.

　계획을 작성하는 일에 회의적인 학생들도 있다. 계획을 세워도 지키기 어렵다는 이유에서이다. 계획표를 작성해도 학교행사와 숙제, 예정에 없던 가족행사 등 여러 가지 사정으로 제대로 이행하지 못하는 경우가 많다고 한다. 그렇더라도 공부할 때 계획을 세우는 것은 반드시 필요하다.

여행을 떠날 때는 먼저 일정과 장소를 정하고, 숙소와 이동수단을 예약한다. 그리고 여행지의 명소와 맛집도 조사한다. 여행 갈 때도 이처럼 하는데, 인생의 큰 꿈을 이루기 위해 공부하는 데 계획과 방향을 정하는 것은 너무도 당연한 일이 아닌가.

계획은 크게 일일계획, 주간계획, 월간계획으로 나눈다. 이 가운데 어떤 계획을 먼저 세울까? 큰 계획부터 세우도록 한다. 월간계획은 시기별로 큰 목표에 맞춰서 작성한다. 학기 중에는 시험기간에 맞추고, 방학 기간에는 방학에 맞게 설정한다. 과목별로 큰 목표를 정한다. 학기 중에는 과목별 목표 점수를 정한다. 방학 때는 과목별 목표량과 선행학습의 내용을 정한다.

월간계획은 1개월이 아니라 짧으면 3개월, 길면 1년에서 2년 정도 장기적으로 잡는다. 학생 혼자서 이런 장기 플랜을 작성하려면 어려움이 따를 것이다. 학교 선생님이나 학원 선생님과 상담을 통해 장기적인 목표와 계획을 함께 고민해 보는 것이 좋다.

예를 들어 고등학교 1학년 여름방학부터 계획을 잡는다고 가정해 보자. 여름방학은 짧으니 약간은 빠른 속도로 2학기 과정을 공부하고, 학생 수준에 맞춰 한 과목 정도를 선행한다. 그리고 2학년으로 올라가는 겨울방학에는 문과인 경우, 미적분과 확률,

통계를 동시에 나가도록 일정을 잡고, 학기 중에 어떻게 할지도 정한다. 이런 식으로 큰 틀을 잡고 월간계획을 세우면 목표에 맞는 과정을 선정할 수 있다.

월간계획을 작성한 다음에는 주간계획을 세울 차례이다. 주간계획은 월간계획을 토대로 세분화된 방법으로 작성한다. 주간계획을 세울 때 하루에 한두 과목만 몰아서 하는 식은 피한다. 예를 들어, 월요일에 수학과 영어, 화요일에 국어와 과학, 수요일에 다시 수학과 영어, 이런 식으로 공부계획을 잡으면 안 된다. 이는 일일계획과도 관련이 되는데 다양한 과목을 매일, 매주 단위로 진행하도록 한다.

그리고 주간계획에서 한 주에 하루는 그 주일에 한 공부를 복습하는 시간으로 배정한다. 그날은 '보완하고 완성하는 날'로 정한다. 공부한 내용을 온전히 자기 것으로 만드는 과정도 새로운 내용을 많이 배우는 것 못지않게 중요하다. 일주일 동안 공부한 것을 하루 정도 반복하면서 틀린 것을 한 번 더 보고, 잘 외워지지 않던 내용을 다시 정리하는 시간으로 삼는다. 예습은 하기 힘들더라도 복습은 반드시 한다.

'보완하고 완성하는 날'의 중요성을 이처럼 강조해도 이를 제대로 지키는 학생은 많지 않다. 그러다 보니 틀리는 문제는 계속 틀리고, 어려운 개념은 계속 어려운 상태로 남는다. 공부는 호기

준혁이 학습PLAN

주간학습계획표

비고	월	화	수	목	금	토	일
9:00~10:00	국어 모의고사	국어 모의고사	국어 모의고사	국어 모의고사	국어 모의고사	국어 모의고사	국어 모의고사
10:00~11:00							
11:00~12:00	국어모의고사 오답&분석	국어모의고사 오답&분석	국어모의고사 오답&분석	국어모의고사 오답&분석	국어모의고사 오답&분석	국어모의고사 오답&분석	수학학원(정규)
12:00~13:00	점심	점심	점심	점심	점심	국어학원준비	
13:00~14:00	영어모의고사&오답	영어모의고사&오답	영어모의고사&오답	영어모의고사&오답	영어모의고사&오답		국어모의고사 오답&분석
14:00~15:00							영어모의고사&오답
15:00~16:00	수학공부	수학학원(기백특강)	수학공부	수학학원(기백특강)	수학공부	2:30~5:30 국어학원	
16:00~17:00							
17:00~18:00	저녁	저녁	저녁	저녁	저녁	저녁	저녁
18:00~19:00	지구과학 공부	수학학원(정규)	지구과학 공부	수학학원(정규)	지구과학 공부	수학 공부	이동 및 휴식
19:00~20:00							
20:00~21:00	화학 공부		화학 공부		화학 공부		과학학원
21:00~22:00							
22:00~23:00	귀가 및 휴식	귀가 및 휴식	귀가 및 휴식	귀가 및 휴식	귀가 및 휴식	귀가 및 휴식	귀가 및 휴식
23:00~24:00	지구과학 인강	화학 인강	지구과학 인강	화학 인강	지구과학 인강	국어 문법 공부	한국사 공부
24:00~01:00	수학공부	수학공부	수학공부	수학공부	수학공부	수학공부	수학공부
01:00~02:00	취침	취침	취침	취침	취침	취침	취침
02:00~03:00							

심을 충족시키는 작업인 동시에 자신의 부족함을 메워 나가는 작업이다. 노력해서 습득한 내용이 밑 빠진 독에 물 붓는 식으로 헛되이 사라지지 않도록 복습하는 노력이 필요하다.

'보완하고 완성하는 날'은 일주일 동안 미처 다하지 못한 공부를 보충하는 시간으로도 활용한다. 그래야 학습계획이 밀리지 않고 한 주 한 주 완성되어 나가는 성취감을 느낄 수 있다. 너무 빡빡하게 계획을 세웠다가 한 번 어긋나서 일정이 계속 밀리면 자칫 계획대로 공부하려는 의욕을 잃어버릴 수 있다. 그렇기 때문에 미처 다하지 못한 공부를 보완하는 날은 반드시 필요하다.

마지막으로 일일계획을 세운다. 학교 시간표도 일일계획표에 함께 기록해 두는 것이 좋다. 월간계획과 주간계획이 작전계획이면 일일계획은 전투계획이라고 할 수 있다. 그렇기 때문에 더 철저히 계획하고, 완성된 계획은 반드시 지키도록 한다.

일일계획표는 너무 빡빡하거나 너무 느슨하지 않게 만든다. 적절한 균형을 잡아서 작성하는 것이 매우 중요하다. 시간 배정은 일률적으로 30분, 1시간 하는 식이 아니라, 공부할 과목의 수준에 맞춰 나눈다. 과목별로 특징과 내용의 난이도가 다르기 때문에 일률적으로 시간을 배정하는 것은 곤란하다.

과목별 특징을 잘 잡고, 공부할 내용과 난이도를 자신의 수준에 맞춰 시간을 정한다. 어려운 내용을 공부할 때는 2시간, 쉬운 내용이면 30분 정도로 잡는다. 그리고 중간 중간 영어단어 외우기 등 틈새공부도 넣는데, 틈새공부까지 일일계획에 굳이 기록할 필요는 없다.

어느 해 겨울방학 시작 무렵에 고3이 되는 학생이 나를 찾아왔다. 어떻게 공부해야 좋을지 모르겠다는 것이었다. 그래서 공부계획표는 짰느냐고 물었더니 예상대로 '아니요.'였다. 직접 계획표를 만들어 보라고 시켰더니 자기 손으로 계획표를 작성하고 거기에 맞춰 공부해 본 적이 한 번도 없다고 했다. 내가 직접 일일계획표와 주간계획표를 작성해서 공부하는 책상에 붙여 주었다. 한 부는 복사해서 집에 가서 붙여 놓으라고 했다.

며칠 뒤 학생의 과목별 이해력에 따라 일일계획표를 일부 수정해 주었다. 학생이 먼저 찾아와서 수학이 너무 어려우니 수학 시간을 좀 늘리는 대신 같은 날 국어 공부를 줄이겠다는 말도 했다. 그 학생은 계획표대로 하루의 공부를 차곡차곡 쌓아나가더니 얼마 안 가서 계획표의 공부 패턴에 익숙해졌다.

나는 학생과의 상담을 통해 8개월 남은 수능시험까지의 장기 플랜을 세우고, 목표를 정한 뒤 일일 세부계획을 작성했다. 이처럼 큰 틀을 정하고 그 안에서 세부 일정을 짜는 것이 효과적이다. 지금 당장 수학이 약하다고 수학만 집중적으로 공부하는 식은 좋지 않다. 급한 마음에 계획을 조급하게 세우는 것은 장기적으로 성적을 올리는 데 도움이 되지 않는다.

공부는 단기적인 안목으로 접근하면 안 된다. 공부는 자신의 꿈을 이루고, 자신이 원하는 것을 달성하기 위해 나아가는 과정이다. 그 과정에서 방향을 알려줄 지도나 전문적인 도움 없이 무작정 노력만 하면 되겠지 하는 기대는 금물이다. 길을 알려주는 지도가 있어야 올바른 방향을 유지하고, 제대로 나아가고 있는지 체크하고, 그를 통해 용기를 얻을 수 있다. 지금 책상 앞에 붙어 있는 월간계획, 주간계획, 일일계획표가 바로 여러분의 보물지도이다. 그게 없다면 지금 당장 꿈을 향해 바른 길을 안내해 줄 보물지도를 작성하기 바란다.

5 일일계획은 매일 점검하고 보완한다

월간계획, 주간계획, 일일계획을 철저히 작성한 다음에는 매일 계획을 점검하고 수정하는 작업이 필요하다. 큰 목표가 담긴 월간계획과 주간계획은 가능하면 수정하지 말고, 일일계획은 계속 점검하고 보완하도록 한다. 일일계획은 보완하고 수정할 사항을 점검하는 과정이 반드시 필요하다.

하루의 계획은 언제 작성하는 것이 좋을까? 잠자리에 들기 직전이 좋다. 매일 밤 자기 전에 다음 날 계획을 눈에 그리듯이 구체적이고 명확하게 세우도록 한다. 그렇게 하면 잠자는 동안 우리의 무의식이 활동해서 다음날 눈을 뜨면 바로 창의적인 해결책을 찾아낼 수 있도록 도움을 주기도 한다. 하루 종일 고민해도 풀리지 않던 문제가 자고 일어났더니 갑자기 풀린 경험이 있을 것이다. 잠자기 전이 아니라 이튿날 아침에 일어나서 그날의 계획을 작성하다간 이런 행운을 날려 버릴지 모른다.

나와 일대일 수업을 하던 재수생이 있었다. 고등학교 3학년 때 내 수업을 들었지만 결국 수학을 포기하고 수학 시험을 보지 않는 대학에 지원했지만 모두 실패했다. 그래서 나를 다시 찾아온 것이었다. 몇 개월 만에 다시 보는 학생은 공부해 보겠다는 열의로 뜨거웠다. 열정이 있는 학생은 조금만 지도해도 금세 성과가 나온다. 그 학생도 두 달 만에 좋은 성적이 나오기 시작했다.

여러 모로 힘든 시기를 보내는 게 재수생이다. 육체적으로 정신적으로 힘든 시기인데, 그 학생도 힘들어 하는 모습이 역력했다. 그러더니 이상 행동을 보이기 시작했다. 공부하면서 수시로 일일계획표를 꺼내서 수정하고 짜증내기를 반복하는 것이었다.

이야기를 해보니 그 학생은 일일계획표를 매일 아침 8시 독서실에서 작성한다고 했다. 계획을 짜는데 갖은 고민과 심사숙고를 거쳐 대략 30분 정도 소요된다고 했다. 그런데 문제는 그렇게 고심해서 작성한 일일계획표를 점심식사 시간이 되기도 전에 두 번 이상 수정한다는 것이었다. 계획대로 되지 않는 부분이 생기면 바로 수정하고, 그렇지 않으면 꺼림칙해서 다음 과정으로 넘어가지 못한다고 했다.

작성해 놓은 계획을 제대로 지키는 날도 드물었다. 하루에 대략 15개 항목을 작성하는데 그 중 5개 정도면 많이 하는 편이었다. 욕심은 있고, 해야 한다는 생각도 있는데 실천을 하지 못하는 것이었다. 그러다 보니 스스로 좌절감을 느끼는 날이 늘고, 덩달아 자신감은 떨어졌다. 성적이 떨어지는 것은 당연한 결과였다.

나는 문제가 적지 않다고 판단하고 필요한 조언을 해주었다. 일단 일일계획을 아침이 아니라 전날 잠자기 전에 작성하라고 했다. 그날 진행한 공부 양에 따라 이튿날 공부할 분량을 조절하고 우선순위를 정하도록 했다. 공부할 항목도 8~10개로 줄이라고 했다. 항목이 너무 많으면 1백 퍼센트 실천할 확률이 적고, 부담감만 커지기 때문이다.

잠자기 전에 일일계획표를 작성하고 항목을 줄이자 효과가 나타났다. 항목 하나하나를 구체적이고 명확하게 작성하도록 했다. 예를 들어 '수학 : 미적분1, 50문제' 라고 작성하는 것을 '수학 : 미적분1, ○○문제집 23~30쪽' 하는 식으로 구체적으로 적도록 했다. 또 '국어 : 모의고사 1회분 풀기'라고 한 것을 '국어 : ○○모의고사 3회, 60분 풀고 20분 오답'으로 적으라고 시켰다. 이렇게 잠자기 전에 구체적으로 계획을 작성하면 잠자는 동안 우리 뇌가 그 계획을 철저하게 지킬 수 있도록 도와준다. 체력적, 정신적으로도 목표로 세워놓은 일을 할 수 있도록 지원해 준다. 이튿날 해야 할 과제가 있다는 생각 때문인지 좀처럼 아프지 않고, 감기도 잘 걸리지 않는다.

이렇게 하자 그 학생은 조금씩 컨디션을 찾아갔다. 일일계획을 수정하는 횟수도 줄이라고 했다. 대신 계획표에서 완성된 부분은 형광펜으로 지우면서 성취감을 맛보도록 하고, 미처 실행하지 못한 계획은 주간계획의 '보완하고 완성하는 날'을 이용해 마무리하라고 시켰다.

일일계획은 구체적일수록 좋다. 일일계획을 꼼꼼히 적으면서 그것을 실천하고 있는 자신의 모습을 상상해 보도록 한다. 그리고 계획을 하나씩 달성할 때마다 성취감을 맛보며 밝게 웃는 자신의 모습을 그려 본다. 계획을 세움과 동시에 그것이 실현된다는 확신을 갖도록 연습하는 것이다.

어떤 학생은 일일계획을 구체적으로 세우면서 속으로는 '이걸 다 지키지 못할 거야. 그래도 빡세게 기록은 해둬야 안심이 돼.'라고 생각하며 적는다. 계획한 바를 지키지 못할 것이라고 가정하고 만드는 계획은 이미 실패가 예정되어 있는 것이다. 자신감과 믿음이 들어가 있지 않는 계획표는 만들 필요가 없다.

계획을 세울 때는 자신이 처한 상황과 수준에 맞춰 꼼꼼하고 치밀하게 세운다. 예를 들어 자신이 소화할 수 있는 일정이 10가지인데, 15가지 일정을 세우면 곤란하다. 어차피 지키지도 못할 일정을 넣어 매일 실패의 쓴 맛을 경험할 필요는 없다. 우선순위를 정하고, 스스로 소화할 수 있는 양 만큼 공부계획을 세운다. 항목을 작성해 나가면서 '이건 이미 실행했다.'고 생각하며 미리 성취감을 느끼고 그 장면을 이미지화한다. 자신이 세운 목표가 이루어진다고 확신하고 믿는 게 중요하다. 그런 자신감이야말로 스스로에게 주는 가장 큰 응원이다.

하루 공부계획을 한 번도 세운 적이 없고, 실천에 옮겨 본 적도 없는 학생이 많다. 하루는 그런 학생이 학원에 새로 들어왔다. 자기 손으로 계획을 세워 본 적이 없고, 계획을 세워서 공부할 생각은 아예 없는 학생이었다. 아무런 계획 없이 하는 공부는 성과를 내기 힘들다. 그렇지만 그 학생에게 일일 학습계획표를 작성하고, 계획표에 따라 하나씩 실천해 나가야 한다는 말을 처음부터 하지는 않았다.

우선 수학 공부만큼은 계획을 세워서 해나가자고 지도했다. 그리고 숙제하는 연습장에 일일 학습량을 체크하라고 시켰다. 숙제는 딱 10문제씩만 풀어오도록 했다. 숙제를 시작하면 연습장에 그날의 날짜와 번호를 적은 다음 문제를 풀게 했다. 딱 10문제만 풀고 채점한 후 틀린 문제는 오답까지 하도록 했다.

처음에는 이것도 제대로 하지 않았다. 그래서 한 달 동안 숙제를 다하면 1만 암페어 용량의 보조 배터리를 선물로 주겠다고 약속했다. 학생들은 이런 당근에 은근히 잘 넘어온다. 아주 사소한 선물이라도 좋다. 문화상품권 정도면 충분하다. 내가 보조 배터리 선물을 주겠다고 말하는 순간 그 학생은 한 달 뒤 숙제를 다하고 선물을 받아 그것을 자기 핸드폰에 연결하는 상상을 했을 것이다.

이처럼 가까운 미래를 구체적으로 이미지화하는 것이 계획을 실천해 나가는 데 큰 힘이 된다. 그렇게 상상한 미래는 곧 현실이 되어 눈앞에 펼쳐진다.

그 학생은 한 달 뒤 내가 약속한 선물을 받고, 자신이 이룬 성과에 대해 성취감을 만끽했다. 비록 적은 분량이지만 그는 처음으로 매일 수학 공부를 했다. 그것이 계속 쌓이면 공부한 양이 늘고, 그에 따라 실력도 좋아질 것이다. 본인이 느끼는 필요에 따라 작성하는 계획표, 무언가를 이루겠다는 목표로 가득 채워진 일일 계획표는 학생들의 미래를 올바로 이끌어 주는 아주 훌륭한 지도이다.

6 과목별 핵심 포인트를 공략하다

나를 만나 수학 성적이 7등급에서 1등급으로 오른 고등학교 2학년 학생의 어머니로부터 문자 연락이 왔다.

"선생님, 딱 두 달만 학원을 옮겨야 할 것 같아요. 아이가 수학은 좋아하고 열심히 하는데, 다른 과목 공부를 전혀 하지 않아 큰일이거든요. 그래서 전 과목을 봐주는 종합학원에 두 달 정도 다닌 뒤 다시 선생님 학원으로 보내려고 해요."

정말 뜬금없는 문자였다. 학교 시험이 2주 정도 남은 때였다. 그 어머니의 마음은 충분히 이해되었다. 그 학생은 정말 수학만 공부했다. 국어, 영어 학원에도 다니는데 거기는 숙제도 전혀 해 가지 않았다. 수학 숙제도 제대로 해 오는 경우는 거의 없었다. 그래서 나는 꼭 필요한 문제만 반복해서 풀도록 하고, 딱 그것만 다시 풀어오라고 숙제를 내주었다. 그렇게 학생별로 맞춤식 수업에 맞춤식 숙제를 내주는 학원은 드물다.

중요한 것은 수학만 공부해서는 안 된다는 사실이다. 국어, 영어만 공부해 원하는 성과를 얻을 수 없는 것도 마찬가지이다. 모든 과목을 골고루 공부하기 위해서는 과목별로 학습계획을 꼼꼼히 세워야 한다. 기간별 학습계획이 중요한 것과 마찬가지로 과목별 학습계획을 세우는 것도 중요하다.

과목별 학습계획을 작성할 때는 우선 두 가지 선입견부터 버려야 한다. 첫째는 자기가 좋아하거나 싫어하는 과목에 대한 선입견이다. 둘째는 성적이 잘 나오는 과목과 그렇지 않은 과목에 대한 선입견이다. 이런 선입견을 갖고 계획을 작성하면 대부분 자기가 좋아하는 과목, 성적이 잘 나오는 과목 위주로 계획을 잡고, 그렇지 않은 과목은 소홀히 하기 쉽다. 이런 식으로는 성적이 나아지기 어렵다.

우선순위를 정해놓고 공부하는 것은 필요하다. 예를 들어 수학 성적은 어느 정도 나오는데 영어 성적이 좋지 않다면 영어를 수학보다 우선시해서 계획을 작성할 필요가 있다. 그렇다고 수학 공부를 완전히 배제하면 안 된다. 모든 과목의 균형이 유지되도록 하고, 과목별로 기본적으로 필요한 공부의 양은 채워야 한다. 지금 수학 성적이 좋다고 수학 공부 시간을 너무 줄이면 수학 성적도 금방 떨어진다. 그렇기 때문에 모든 과목에 골고루 비중이 돌아가도록 학습계획을 작성한다. 지금 당장 영어 성적이 나쁘다고 영어에만 치중하면 안 되는 것도 마찬가지 이치이다.

그렇다면 어떻게 해야 제대로 된 과목별 학습계획을 짤 수 있을까? 앞에서 해 본 것처럼 과목별 핵심 포인트를 설정하고, 이를 토대로 학습계획을 작성하는 것이다. 그리고 자신의 수준을 정확히 파악하고 그에 맞추어 계획을 짠다.

고등학교 3학년이던 한 학생은 나름 성적이 좋았다. 그러나 불안한 마음으로 매주 이런 질문을 했다.

"선생님, 저 이번 주에는 무슨 공부해요?"

"선생님, 저 이번에는 수학 무슨 단원 공부해요?"

이런 질문을 받으면 나는 그 학생에게 공부할 단원과 내용을 알려주었다. 그런데 수학 과목은 내가 관리해 주지만 다른 과목은 내가 제대로 관리해 주기가 어렵다.

수학은 매주 무슨 공부를 할지 몰라서 내게 물어보는데, 다른 과목은 학원도 다니지 않으니 어떻게 하는지 걱정이었다. 상담을 했더니 걱정한대로 다른 과목의 공부가 체계적으로 이루어지지 않고 있었다. 국어와 영어는 그때그때 생각나면 하고, 사회 공부는 거의 하지 않았다. 다른 과목도 학원에 다녀 보라고 하면 혼자 해도 된다는 말만 했다.

일단 학습계획표를 작성하라고 시켰다. 선생님 말은 잘 듣는 아이였다. 수능시험까지 얼마 남지 않았기 때문에 매일 과목별 공부 일정을 잡도록 했다. 주먹구구식으로 공부하는 게 아니라, 우선순위를 정하고, 거기에 따라 과목별 계획을 세웠다.

수학, 국어, 영어, 그리고 사회 과목까지 계획표에 들어가 있는지, 구체적인 계획이 만들어졌는지 확인했다. 부족한 부분은 내가 직접 고쳐주고, 특히 자율학습 시간에 효과적으로 공부할 수 있도록 '쪼개기 학습'에 맞춰 계획을 작성해 주었다.

늘 불안해하던 그 학생의 눈빛이 조금씩 달라지기 시작했다. 매주 무슨 공부를 해야 하느냐고 물어보던 것도 사라졌다. 계획한 내용대로 실천하면서 맛보는 성취감으로 자신감도 커 갔다. 수학뿐 아니라 다른 과목에서도 자신감이 커지며 성적이 자연스럽게 올라갔다. 나는 그 학생이 잘하고 있는지 옆에서 체크하면서 격려와 응원을 아끼지 않았다.

나는 수학 강사라고 해서 수학 과목만 관리해 주면 안 된다는 소신을 갖고 있다. 수학만 해서는 대학에 갈 수 없고, 원하는 꿈을 달성할 수 없기 때문이다. 그래서 내가 맡은 학생은 모든 과목을 균형 있게 관리해 주려고 한다.

그래서 수학 숙제를 무턱대고 많이 내주지 않는다. 그런데 영어 학원들 중에 숙제를 말도 못할 정도로 많이 내주는 곳이 더러 있다. 그렇게 영어 숙제를 산더미처럼 내주면 다른 과목 공부는 어떻게 하란 말인가? 특정 과목을 전문적으로 가르치는 학원이라도 학생들이 모든 과목을 균형 있게 공부할 수 있도록 배려해 줄 필요가 있다. 그게 학생을 올바르게 지도하는 길이다.

7 하루 10분 아침독서로
집중력을 기운다

나는 독서가 우리 마음속에 있는 지혜를 끄집어내 준다고 믿는다. 수험생에게 책 읽을 시간이 어디 있느냐고 하는 말은 설득력이 없다. 내가 소개하는 아침독서는 하루에 딱 10분이면 충분하다. 대하소설을 읽으라는 것도 아니고, 눈에 들어오지 않는 세계문학전집을 읽으라는 것도 아니다. 처음에는 읽고 싶은 책으로 편하게 시작하는 게 좋다. 인기 소설이나 평소에 관심 있는 분야의 책을 읽어도 좋다. 중요한 것은 목적의식을 가지고 읽는 것이다.

다만 한 가지, 자신에게 자극이 되는 책을 읽는 게 좋다. 자기계발 서적이나 성공한 사람들의 자서전을 읽는 것이 도움이 된다. 성공학 분야나 의식을 깨우치는 책도 마찬가지다. 이런 책을 통해 성공한 사람들은 어떤 생각을 가지고, 어떤 선택을 하며 사는지에 대해 배울 수 있다. 그들의 삶과 똑같이 살라는 것이 아니고, 그들의 생각을 따라서 배우라는 말도 아니다. 다양한 사람들의 이야기를 통해 자신의 위치와 꿈에 대해 생각해 보고, 자기 안에 숨어 있는 꿈을 되살려 내도록 자극을 받자는 것이다.

사생아로 태어나 사촌오빠에게 성폭행 당하고, 마약에 빠져 20

대를 보냈지만 지금은 세계적인 유명인이 된 오프라 윈프리^{Ophra} ^{Winfrey}의 삶도 책을 통해 간접 경험해 볼 수 있다. 자신의 꿈을 위해 대학을 중퇴하고 세계적인 기업을 창업한 스티브 잡스^{Steve Jobs}의 이야기도 책을 통해 접할 수 있다. 책을 통해 이렇게 성공한 사람들의 삶을 공감하고, 자신의 삶과 의식에 자극을 주자는 것이다. 이런 자극이 책을 읽는 학생들의 마음을 움직이고, 열정을 불러일으키는 활력소가 된다.

그래서 나는 성공한 사람들의 이야기를 특히 많이 읽으라고 권한다. 그들의 이야기를 통해 최고의 동기부여를 얻을 수 있기 때문이다. 매일 힘든 일상에 부대끼는 수험생들에게는 강력한 동기부여가 필요하다.

삼성전자에 근무하던 시절에 나는 여유 시간이 많았는데도 책 읽을 생각은 전혀 하지 않았다. 일찍 퇴근하면 컴퓨터 게임을 하고, 동료들과 어울려 술자리를 전전했다. 업무가 고되고 일상이 반복되는 따분함 속에서도 책 읽을 생각은 하지 않았다. 그러다 우연히 서점에 가게 되었다. 영화를 보러 가는 길이었는데 시간이 남아 서점에 들렀고, 거기서 다양한 자기계발 서적과 성공한 사람들의 삶을 다룬 책을 보게 되었다.

그날 이후 내 인생이 어떻게 달라졌는지는 상상을 초월한다. 몇 개월 뒤에 나는 회사를 그만두고 꿈을 찾아 수학학원 강사가 되었으며, 3년 만에 억대 연봉 강사가 되었다. 그 모든 것이 책 때문에 이루어졌다고 말할 수는 없지만, 적어도 내가 변신을 시작하는 계기가 되고, 힘이 되어 준 것은 책이라고 분명하게 말할 수 있다.

억대 연봉 강사가 된 이후 인기 작가가 되고, 학원 원장이 되는 시기에도 나는 동기부여 서적과 의식을 확장시켜 주는 책으로부터 자극과 용기를 얻었다. 이처럼 책은 큰 힘을 발휘한다. 자신의 잠재능력과 의식을 깨우는 데 있어 책만큼 큰 도움을 주는 무기는 없다.

그러나 독서하는 습관이 자리 잡혀 있지 않으면 매일 10분 읽기도 힘들다. 그렇기 때문에 초반의 독서 습관화가 중요하다. 내가 독서다운 독서를 시작한 것은 중학교 1학년 때부터였다. 물론 그때부터 삶에서 동기부여를 얻기 위해 독서를 시작한 것은 아니다. 중학생이 그런 마음으로 독서를 시작하는 경우는 드물 것이다. 베르나르 베르베르의《개미》라는 소설이 세계적으로 인기를 누릴 때였다. 어머니가 책을 사와 읽고는 너무 재미있다고 내게 주시며 한 번 읽어보라고 권하신 게 시작이었다.

이후 다양한 소설책을 읽었다. 요즘은 학생들이 영화로만 알고 있는 '쥐라기 공원'도 그때 책으로 먼저 접했다. 이렇게 처음에는 흥미를 느낄만한 재미있는 소설로 독서를 시작했다. 나도 그때 거기서 멈추지 말고 다양한 자기계발 서적, 성공한 사람들의 스토리가 담긴 책들로 독서의 폭을 넓혔더라면 내가 원하는 꿈에 좀 더 빨리 다가갈 수 있었을지 모른다. 그 뒤 나는 안타깝게도 20대 중반까지 독서다운 독서를 하지 않았다. 다행히 30대가 되기 전에 다양한 자기계발 서적을 통해 나의 꿈을 찾았고, 그 꿈을 이루기 위해 열정을 쏟을 수 있었다. 이처럼 제대로 된 독서는 하루라도 빨리 시작하는 게 좋다.

우리는 공부하는 데 매우 중요한 집중력을 독서를 통해 얻을 수 있다. 학생인 경우 독서를 오랜 시간 할 필요도 없다. 매일 아침 10분이면 충분하다. 10분이라는 그 짧은 투자가 우리 삶의 방향을 완전히 바꾸어 준다. 독서는 우리의 꿈이 하루 빨리 이루어질 수 있도록 이끌어주는 나침반이 되어 줄 것이다. 지금 당장 독서를 시작하자!

8 잠자기 전에 공부일기를 쓴다

스스로에게 하는 칭찬은 자신감을 안겨 주고, 반성은 자신의 부족함을 개선시켜 나가는 출발점이 된다. 칭찬과 반성은 종이에 직접 적으면 그 효과가 더 크게 나타난다. 이런 식으로 잠들기 전에 '공부일기'를 쓰면 큰 효과를 얻을 수 있다. 공부일기 쓰기를 습관화하면 미처 생각지 못한 큰 성취를 얻을 것이다.

자기 칭찬을 통해 우리는 일상에서 감사하는 마음을 키우고 자존감을 높일 수 있다. 그리고 반성을 통해 좌절이 아니라, 그 속에서 자신이 개선해 나가야 할 내용을 찾고, 좀 더 나은 자신이 되는 방법을 강구할 수 있게 된다.

나는 학생들이 숙제하는 연습장에 공부일기를 쓰도록 시켰다. 숙제를 다 한 뒤 마지막 문제 밑에다가 5가지 정도 감사하는 내용을 적도록 했다. 가능하면 한 내용이 한 줄을 넘기지 말도록 했다. 처음에는 학생들이 내 뜻을 이해하지 못해 진지하게 받아들이지 않았다. 놀이처럼 생각하고 일기를 적어왔다.

'오늘 숙제를 다 마쳐서 감사합니다.'

'오늘 청소 시간에 열심히 청소해서 칭찬을 받아 감사합니다.'

'오늘 친구들에게서 멋진 생일선물을 받았습니다.'

'수업시간에 선생님의 질문에 답을 잘해서 칭찬 받았습니다.'
'매일 꾸준히 수학 공부를 하고 있음에 감사합니다.'

사소한 일상이라도 이런 식으로 적어오라고 시켰다. 이를 통해 학생들의 성적이 좋아졌다고 단정하지는 않겠다. 학생들이 공부 일기를 쓰면서 자신의 하루를 돌아보며 반성하고 감사함을 느끼는 마음이 중요한 것이다. 이런 긍정적인 마음이 모여 긍정적인 결과를 이끌어낸다고 나는 믿는다. 그렇게 하면 공부뿐만 아니라 일상에서도 긍정적인 일이 자주 일어나게 될 것이다.

나는 학창시절에는 하지 않았지만 사회생활을 하면서 이러한 감사 내용을 담은 일기를 통해 많은 변화를 경험하고 꿈을 이루게 되었다. 강사 생활에 지친 어느 날 의식의 변화를 기대하고, 더 큰 성공을 이루겠다는 희망으로 매일 감사일기를 쓰기 시작했다. 잠들기 전 컴퓨터를 켜고 그날 겪은 일들을 되새기며 좋았던 일, 감사한 일을 생각했다. 그렇게 하니 좋지 않았던 일도 감사히 받아들이는 힘이 생기기 시작했다.

처음에 하루 5가지 정도 감사하는 내용을 적기 시작해 점차 그 내용이 늘어났다. 그러자 하루하루가 축복 받는 기분이 되고, 사소한 일상이 모두 감사하게 받아들여졌다. 매일매일 내일이 기대되고, 긍정적인 에너지를 충전할 수 있는 힘이 생겨났다.

공부일기의 포인트는 잠자리에 들기 직전에 쓰는 것이다. 사람은 이성과 감각이 잠들 때, 다시 말해 잠자는 시간에 많은 능력을 발휘한다. 공부일기를 잠자기 직전에 쓰고, 이튿날 실행에 옮길 계획과 목표를 생각하면서 잠자리에 들면 자는 동안 우리의 무의식이 능력을 발휘한다. 그래서 이튿날 아침 일어나면 며칠 동안 끙끙대며 고민하던 문제의 해법이 갑자기 떠오르고, 도저히 이해되지 않던 과학 공식이 이해되는 일이 일어난다. 그밖에도 여러 신기한 일을 경험하게 될 것이다. 이처럼 잠이라는 시간, 무의식이 활동하는 시간을 잘 활용할 수 있도록 해주는 것이 바로 공부일기이다. 공부일기를 쓰는 방법은 아래와 같다.

공부일기 쓰는 요령

1 일일계획표를 보고 그날 달성한 목표를 적으며 자신을 칭찬한다.

2 달성하지 못한 목표는 어떻게 보완할지 대책과 함께 자신을 응원한다.

3 안 좋았던 일을 간단히 적고, 그를 통해 깨달은 바를 긍정적으로 적는다.

4 감사하는 내용을 3가지 이상 적는다.

5 내일도 목표를 모두 달성할 것이라는 확신으로 마무리한다.

처음 학생들에게 공부일기를 쓰라고 권할 때는 사소한 감사 내용부터 적으라고 했다. 그리고 일기 쓰기에 적응이 되고, 쓰는 습관이 자리 잡고 나면 차츰 위에 소개한 요령대로 적으라고 했다. 숙제하는 연습장에서 시작해 써나가다 시간이 지나며 자신만의 공부일기장을 만들어 사용하는 학생도 생겼다. 더 이상 공부일기가 숙제가 아니라, 자신의 일상이 되고 힘이 되어 주는 친구처럼 된 것이다.

이처럼 공부일기는 매일 매일 일어나는 부정적인 일들을 긍정적인 에너지로 변화시켜 준다. 고민하는 일들에 해결의 실마리를 제공해 주고, 매일 열정적으로 치열하게 살아갈 수 있는 힘을 충전해 준다. 하루를 마무리할 때 학과 공부를 하는 대신 자신의 내면을 긍정의 에너지로 채우고, 감사한 마음으로 잠드는 것! 이보다 더 만족스러운 하루의 마무리는 없을 것이다.

Chapter

05

몰입으로
승부한다

⑤ 필요한 것만 뽑아서 공부한다

수능 5개월 앞두고 지인으로부터 급하게 일대일 개인수업을 해달라는 요청이 왔다. 당시 나는 일대일 교습을 하지 않았기 때문에 처음에는 거절했지만, 너무 간곡히 부탁해서 학원 쉬는 날 시간을 내어 봐주기로 했다. 그 학생은 이과인데 수학 점수가 40점대였다. 고등학교 들어가고서도 내내 공부를 하지 않다가 고3이 되어서야 대학에 진학하겠다는 생각을 하게 되었다고 한다. 왜 그런 마음이 고1 때는 들지 않을까?

5개월 간의 힘든 교습이 시작됐다. 결과부터 말하면 그 학생은 수능시험에서 수리영역 80점대 초반으로 수도권 대학에 진학했다. 중요한 것은 누구든 효과적으로 시간을 활용하고 전략적인 공부를 하면 이런 결과는 얼마든지 낼 수 있다는 사실이다. 내내 놀다가 고3 되어서 공부를 시작해도 대학에 갈 수 있다는 말을 하려는 건 물론 아니다. 내가 맡은 그 학생도 고1 때부터 공부를 제대로 했더라면 미래에 대한 선택의 폭이 더 커졌을 것이다.

내가 하고자 하는 말의 요지는 공부도 전략적으로 해야 한다는 것이다. 앞에서 여러 가지 공부 방법과 전략 구성, 실천 방안까지 설명했다. 책상 앞에 마냥 오래 앉아 있는다고, 문제집을 무작정 많이 푼다고 성적이 좋아지지는 않는다. 전략적으로 진짜 공부를 해야 성적이 올라간다.

수능시험 수리영역을 예로 들어보자. 우선 수능시험의 특성을 정확히 파악해야 한다. 수능시험 문제는 대학교수들이 출제한다. 그리고 각 단원별로 가장 중요한 개념과 정의를 추려 딱 30문제로 구성된다. 여기서 체크해야 할 사항이 '중요한 개념과 정의'이다. 지나치게 어려운 내용, 고등학교 과정을 벗어나는 내용은 출제되지 않는다는 말이다.

수리영역의 각 단원별로 중요한 내용을 뽑아 보면 그 수가 생각처럼 많지 않다. 딱 그것만 공부해도 충분하다. 게다가 수능시험 전 6월, 9월에 평가원 모의고사가 진행되는데, 수능시험 문제도 여기서 출제되는 60문제에서 크게 벗어나지 않는다. 사실 그 60문제만 제대로 반복해서 풀면 수능에서도 좋은 결과를 얻을 수 있다. 이렇게 쉽게 점수를 얻을 수 있는데도 불구하고 수학이 어렵게 생각되고, 좋은 점수가 잘 나오지 않는 것은 불필요한 문제를 푸는 데 시간을 허비하기 때문이다.

나는 특히 4등급 이하인 고3 학생들은 수능 기출문제집을 수능 때까지 최소한 세 번은 풀게 한다. 그것도 다 푸는 게 아니라 내가 딱 필요한 문제를 체크해 주고, 학생들은 그 문제만 반복해서 푼다. 내가 체크해 주지 않는 문제는 풀 필요가 없다. 어떤 문제를 풀 필요가 있는지 없는지 결정하는 기준은 학생 개개인의 능력에 따라 많은 차이가 난다.

예를 들어 5등급 이하 학생과 3등급 이상 학생이 풀 문제와 풀 필요 없는 문제는 서로 다르다. 다시 말해 일률적으로 체크해 주는 게 아니라 학생 개개인의 수준에 맞춰 풀 문제를 정해 준다는 말이다. 그리고 학생의 레벨이 오르면 거기에 맞춰 체크해 주는 문제가 더 늘어난다. 이런 식으로 수능 기출문제집 한 권을 제대로 독파하는 것이다. 무조건 많이 한다고 좋은 게 아니라, 한 권만 제대로 공부하면 충분하다.

유난히 불안해하는 학생이 있었다. 고등학교 2학년까지 수학 공부를 거의 하지 않다가 3학년이 되어서야 대학에 가기로 맘먹고 수학 공부를 시작한 아이였다. 1월부터 공부를 시작하면서 위에서 말한 학습법대로 진행했다. 개념 설명서 한 권과 수능 기출문제집을 과목별로 한 권씩만 사게 했다. 그리고 필요한 문제만 하나씩 체크해 주고 그것을 반복해서 풀도록 했다. 수학 40점대였던 그 학생은 5개월 뒤에 치른 6월 평가원 모의고사에서 80점이라는 놀랄 정도로 높은 점수를 기록했다.

기적 같은 수학 점수를 받은 그 학생은 너무 기쁘고 뿌듯해했다. 그 와중에도 불안한 마음이 드는 모양이었다. 어느 날 나를 찾아와서 이렇게 물었다.

"선생님. 계속 이 수능 기출문제집만 풀면 되요? 다른 문제도 더 풀어 봐야 하지 않을까요?"

"더 공부할 자료는 선생님이 충분히 챙겨줄 거야. 교재는 따로 더 살 필요 없어."

성적이 오르면서 이제 욕심이 생기는 모양이었다. 불과 5개월 만에 상상도 못했던 점수를 얻게 되니 공부를 더 많이 하면 더 높은 점수를 얻을 수 있을 것이라는 기대, 그리고 그 기대를 이루고 싶은 욕망이 생긴 것이다. 아주 바람직한 현상이기는 하지만 그럴 때일수록 주의해야 한다. 진짜 실력 향상은 공부하는 양에 의해서가 아니라, 제대로 된 방법으로 공부할 때 이루어지기 때문이다.

그 학생이 빠르게 성장하고 성과를 낼 수 있었던 것도 양이 아니라 공부의 질로 승부했기 때문이다. 나는 딱 필요한 개념과 문제만 지도하고, 그것을 반복해서 익히도록 했다. 이런 효과적인 방법으로 성적이 향상되었는데, 욕심난다고 다른 불필요한 공부를 더하겠다는 것은 어리석은 생각이다. 그러니 여러분도 한 눈 팔지 말고 내가 알려주는 방법대로 묵묵히 하면 된다.

문제집 한 권만 고수하여 좋은 성과를 낸 학생이 있다.《개념원리》라는 수학 문제집이 있는데, 강사와 학생들 사이에 가장 쉬운 교재로 알려져 있다. 쉽다고 나쁜 교재가 아니다. 내가 볼 때 이 책은 개념 설명도 아주 잘 되어 있고, 문제의 난이도도 쉬운 것부터 고난이도까지 적당히 배치되어 있는 좋은 교재이다. 이 교재를 광고하려는 것이 아니다. 그 학생은 이 쉬운 교재만 가지고 학교 시험에서 늘 1등급을 받았다. 그는 시험 때까지 이 교재만 7번 반복해서 풀고 오답을 했다. 다른 자료를 줘도 풀지 않고, 오로지《개념원리》만 끈질기게 풀었다.

내신 대비 기간이 되면 대부분의 학생들이 기존에 풀던 문제집은 치우고, 더 어려운 문제집을 산다. 그리고 강사들은 온갖 프린트 자료를 나누어 주기 바쁘다. 물론 학교별 기출문제를 푸는 것은 시험에 대비하는 중요한 방법 가운데 하나이다. 하지만 새로운 문제를 지나치게 많이 푸는 것은 좋지 않다. 중요한 것은 양이 아니라 문제 하나라도 제대로 푸는 것이다. 짧은 내신 대비 기간에 새로운 문제를 많이 푸는 것보다 그 동안 공부해 온 문제집을 처음부터 반복해서 정리하고, 틀린 문제를 오답 정리하며 실수를 줄이고, 어떤 점을 주의해야 하는지 체크하도록 한다.

학생의 실력이 하위권이면 어느 정도 공부의 양을 늘릴 필요가 있다. 그렇다고 많은 문제집을 사서 풀어 보라는 것이 아니다. 자신에게 맞는 문제를 골라 제대로 반복해서 공부하도록 한다. 현명하게 취사선택해서 공부하는 요령을 알아야 한다. 본인이 잘 모르면 학원 선생님이나 주변의 공부 잘하는 친구에게 필수 기본 개념과 핵심 문제를 골라달라고 부탁하는 게 좋다. 물론 교과서에 있는 내용은 취사선택 없이 어느 정도 익혀야 한다.

실력이 상위권이라면 양으로 실력을 올리겠다는 생각은 더더욱 하면 안 된다. 무턱대고 어려운 문제집을 이것저것 사서 풀어나가는 것은 별 효과가 없다. 차라리 그동안 보던 교재, 혹은 진짜 어렵다고 생각되는 교재 한 권을 준비해 차근차근 공부하는 게 좋다. 많은 양의 공부를 하는 것이 중요한 게 아니라, 한 문제라도 온전히 자신의 것으로 만드는 게 중요하다는 말이다.

지속적으로 반복하는 것이 좋다. 한 번 알고 넘어간 문제가 막상 시험장에서는 풀리지 않는 경우가 많다. 완전히 자신의 것으로 소화되었다는 확신이 들 때까지 반복하고 오답 정리를 해야 한다. 굳이 공부하는 양을 늘리고 싶다면, 복습과 오답 정리하는 시간을 늘리는 것이 더 현명하다.

▶2 몰아서 한꺼번에 하지 않는다

고등학교 3학년이 되면서 이과에서 문과로 수학을 바꾼 학생이 있었다. 고2 때까지 전혀 학습이 되어 있지 않았기 때문에 처음부터 새로 시작하는 마음으로 공부를 해야 했다. 그 학생은 성실하고 부지런해서 많은 숙제를 소화하며 차곡차곡 실력을 쌓아 올렸다. 그러나 3개월 정도 지나자 실력이 향상되는 정도가 둔해지고, 앞서 공부한 내용도 많이 잊어서 어려움을 겪기 시작했다.

그 학생의 공부 방법에 문제가 보이기 시작했다. 수학 수업을 일주일에 세 번, 월요일, 수요일, 토요일에 진행했는데, 월요일에 '수학2', 수요일에 '확률과 통계', 토요일에 '미적분1' 과정을 공부했다. 그런데 수학 수업이 있는 날에만 수학 공부를 하고, 다른 요일에는 수학 공부를 전혀 하지 않고 있었다. 월요일에 '수학2'를 공부하고 나면 일주일 뒤에야 '수학2'를 다시 공부하는 식이었다. 복습은 전혀 이루어지지 않았고, 일주일마다 해당 수업을 듣는 셈이었다.

학생 나름대로는 월요일에 '수학2'를 6시간 공부하고, 수요일에는 '확률과 통계'를 6시간 공부하는 규칙을 세워놓고 있었다. 하지만 이런 몰아치기 공부로는 효과를 내기 어렵다. 공부는 과목별로 매일 꾸준히 하는 것이 효과적이다. 매일 골고루 하고, 복습과정이 반드시 뒤따라야 한다.

예를 들어 수학 공부를 하루 3시간 한다면, '미적분1' 과정 2시간, '수학2' 과정 1시간씩 공부하는 식이라야 한다. 그리고 다음 날 '확률과 통계' 과정 2시간, '수학2' 과정 1시간을 하는 것이다. 영어도 마찬가지이다. 영어 공부를 2시간 한다면 '문법' 1시간, '독해' 1시간 하는 식으로 쪼개어 하는 것이 효과적이다.

이런 식으로 뇌에 다양한 리듬감을 주면서 공부하는 게 좋다. 한 과목을 2시간 이상 공부하면 집중력이 떨어진다. 그래서 중간에 다른 과목으로 바꾸어 공부해 주는 게 효과적이다. 그리고 공부하는 시간을 정하지 말고, 공부하는 양을 정해서 하는 것도 좋은 방법이다.

예를 들어, 매일 수학 '미적분1' 10문제, '확률과 통계' 10문제를 풀고, 영어 '독해' 10문제, 국어 10문제 푸는 식으로 하는 것이다. 많은 시간을 들여 많은 양을 공부하는 게 아니라, 자신에게 필요한 공부를 매일 꾸준히 효과적으로 하는 것이 중요하다.

뇌 기능을 강화하면 더 효과적인 공부를 할 수 있다. 뇌 기능 증대를 위해 필요한 습관을 간단히 소개한다. 어렵지 않으니 따라서 차근차근 실천하면 좋다.

효과적인 뇌기능 강화 습관

1 꼿꼿이 앉는다.

2 물을 자주 마신다.

3 자주 웃고 햇빛을 자주 쬔다.

4 가벼운 운동을 한다.

첫째, 꼿꼿이 앉는다. 척추와 어깨가 구부정하면 뇌로 가는 혈류가 방해 받는다. 그로 인해 피로가 빨리 오고, 뇌 기능이 제대로 발휘되지 못한다. 지금 당장 자세를 꼿꼿이 해보자. 척추와 등에 자극이 오고, 눈이 맑아지는 느낌이 들 것이다.

둘째, 물을 자주 마신다. 공부한 내용을 뇌 세포로 전달하는 시냅스 간격은 물로 채워져 있다. 그 간격에 물이 부족하면 뉴런의 신호전달이 힘들어진다. 공부하면서 이해하고 암기한 내용이 뇌에 잘 저장되도록 하는 이동물질 에너지를 제공하는 원천이 물이다. 그래서 가능하면 공부할 때 책상 위에 물을 준비해 두고 충분히 섭취하도록 한다. 학교와 독서실에도 개인 물병을 준비해 가서 수시로 마시도록 한다.

셋째, 자주 웃고 몸을 햇빛에 자주 노출한다. 그렇게 하면 긍정적인 화학물질과 신경전달 물질이 나와서 뇌의 활성화에 도움이 된다. 공부로 인해 생기는 스트레스를 줄여 주고 우울증 예방에도 좋다. 크게 어려운 방법도 아니다. 공부하면서도 꿈을 이룬 자신의 미래 모습을 생각하며 미소 지어 보고, 친구들과 즐거운 대화도 자주 나눈다. 쉬는 시간이나 점심시간에는 교실에 앉아 있지 말고 운동장을 돌거나 벤치에 나가 앉아 있어도 좋다. 이런 방법으로 햇빛과 마주하는 시간을 갖도록 한다.

넷째, 가벼운 운동을 한다. 하루 30분씩 일주일에 6일 운동을 하면 우리의 뇌 기능이 활성화된다는 연구결과가 있다. 뉴런 연결이 원활해지고 신경전달 물질도 증가한다는 것이다. 운동을 해야 한다는 말에는 많은 수험생들이 공감한다. 남학생들은 체육시간이든 점심시간이든 농구나 축구로 운동을 하는 경우가 많다. 다만 과도한 운동은 체력적으로 무리를 주고, 다음 일정에 영향을 주기 때문에 삼가하도록 한다. 여학생들은 체육시간에 벤치에 앉아 친구와 대화를 나누는 경우가 많은데, 앉아 있지 말고 운동장을 가볍게 걸으면서 대화하라고 권한다. 대학입시는 마라톤과 같아 체력을 유지하는 게 굉장히 중요하다.

하루에 사과 한 알 먹기 등 뇌 기능 활성화를 위한 방법은 이밖에도 많다. 수험생들은 내가 소개한 정도만 지켜도 충분한 효과를 얻을 수 있을 것이다. 따라서 하기 크게 힘든 내용들이 아니니 실천해 보기를 권한다.

3 몰입해서 공부하면 기적이 일어난다

토요일 오후 늦은 점심을 먹기 위해 학원 옆에 있는 중국집을 찾았다. 짬뽕을 시키고 기다리는데 옆 테이블에서 메뉴를 고르는 고등학생 두 명의 대화가 귀에 들어왔다. 한 학생이 다른 학생에게 고민을 이야기하고 있었다.

"나 말이지, 요즘 열심히는 하는데 제대로 공부한다는 기분이 들지 않아. 곧 시험기간이라 주말에도 빡세게 계획을 잡고 공부하는데 왜 그런지 모르겠어."

"왜? 너 정말 열심히 하는 것처럼 보이는데. 그 어려운 수학 문제집도 거의 다 풀고, 인터넷 강의도 열심히 보고 있잖아. 너무 걱정하지 마."

"아빠가 이렇게 저렇게 하라고 알려 주시는데, 도무지 나와는 맞지가 않아. 내가 공부하던 스타일이 아니라 불편하기도 하고. 어떻게 해야 좋을지 모르겠어."

하마터면 둘의 대화에 끼어들 뻔했다. 학생의 고민을 들어주고, 제대로 된 방향을 알려주고 싶었기 때문이다. 그러나 주문한 짬뽕이 나오는 바람에 그런 일은 벌어지지 않았다. 사실 그 학생의 고민은 많은 학생들이 갖고 있는 내용이다. '열심히' 한다고 생각하고, 실제로 열심히 하는데 뭔가 찜찜하다는 것이다.

그래도 이런 고민은 어느 정도 열심히 한다는 증거이기는 하다. 점수대도 그리 낮지 않은 학생들이 이런 고민에 잘 빠진다. 실력이 많이 부족하고, 기초가 부족한 학생들은 일단 차근차근 열심히만 해도 금방 성적이 오른다. 이후 어느 정도 실력이 오르고 나면 '내가 제대로 하고 있나?'라는 걱정이 생기기 시작하는데, 이는 더 잘하고 싶다는 의욕이 생겼다는 반증이니 긍정적인 고민이라고 할 수 있다. 따라서 이런 고민이 생기는 걸 너무 걱정하지 말고 느긋하게 받아들이도록 한다. 제대로 성적을 올리고, 진짜 공부를 할 시기가 되었다는 반증이기도 하기 때문이다.

예를 들면 이런 상황이다. 수학의 경우 7~9등급인 학생이 5~3등급까지 올리는 것은 비교적 수월한 일이다. 그러나 3등급부터는 간단치가 않다. 그 다음 레벨인 2등급이나 1등급으로 올라가는 것은 정말 어렵다. 그래서 자신이 하는 공부법에 대해 회의감이 들고 걱정이 생기는 것이다. 그때부터는 그냥 열심히 하는 것으로는 부족하고, 제대로 해야 한다.

제대로 하라고 해서 지금까지 해온 공부법이 무조건 잘못되었다는 말은 아니다. 지금까지 해온 방법으로 어느 정도 성과를 올렸기 때문이다. 그러면 '제대로 한다는 것'은 어떻게 하는 것을 말하는가?

7등급에서부터 시작해 기본기를 차근차근 쌓아올려 5등급까지 성적을 올린 학생이 있었다. 모의고사를 보면 기본적인 2점, 3점짜리 문제는 술술 푸는데, 응용문제와 고난도 4점짜리부터 문제가 생기기 시작했다. 4점짜리 문제는 잘 풀지 못하고, 아예 손도 못 대는 경우까지 있었다. 학생의 불안감은 점점 커지고, 수시로 짜증을 내게 되었다.

"쌤, 제 인생 어떻게 해요! 도저히 4점짜리는 풀리지가 않잖아요. 계속 이런 식으로 공부해도 되는 거예요?"

아이는 수시로 나를 찾아와 이렇게 투정을 부렸다.

그래도 나는 그동안 해온 공부법을 바꾸라고 하지 않았다. 처음부터 해온 수능 기출문제집을 두 번, 세 번 반복해서 풀게 하고, 필요한 문제들만 뽑아서 주기적으로 프린트로 만들어 주었다. 딱 그것만 풀도록 했다. 괜히 이것저것 다른 문제 손대지 말고 내가 찍어 준 문제들만 반복해서 풀라고 시켰다.

수능을 앞두고 불안감이 쌓이자 그 학생은 자기도 주변 친구들이 많이 푸는 문제집을 사서 풀고 싶어 했다. 그러나 그렇게 새로운 문제를 푸는 것보다 본인이 6개월 동안 공부한 문제집을 다시 반복해서 보고, 틀린 문제를 집중력을 발휘해 복습하는 것이 더 좋은 방법이다. 다행히 그 학생은 그동안 해온 방식대로 공부하라는 내 말을 잘 따라 주었다.

수능이 한 달 남은 마지막 모의고사에서도 결과가 좋지 않았다. 하지만 자신을 믿으라고 했다. 지금 하는 방법이 옳고, 이것이 최선의 방법이라고 수시로 그 학생에게 이야기해 주고 다독였다. 학생도 끝까지 나를 믿고 따라와 주었다. 그리고 마지막 수능시험! 그 학생은 원하는 수학 점수를 얻었다.

자신을 믿고 집중력을 발휘해 공부하는 것이 무엇보다 중요하다. 공부법에도 꾸준함이 필요하다. 몇 시간 동안 산을 올랐는데 정상이 보이지 않는다고 해서 산을 오르지 않고 있는 것이 아니다. 한 걸음씩 옮길 때마다 분명히 목표를 향해 조금씩 나아가고 있는 것이다. 그러니 조급증을 내며 방향을 바꿔 다른 길을 찾는 것은 좋지 않다. 7등급에서 5등급으로 올랐다면 잘하는 것이다. 쉽게 길을 바꾸지 말고 가던 길로 꾸준히 올라가야 한다. 그렇게 해서 그 학생은 3등급을 받을 수 있었다.

또 다른 학생은 성적이 굉장히 우수했다. 모의고사 3등급이고, 2등급이 나오기도 했다. 문제는 안정적인 2등급, 1등급이 나오지 않는 것이었다. 공부 욕심이 많고, 공부 양도 적지 않은 학생이었다. 그런데도 좀처럼 그 한계를 뛰어넘지 못했다. 학생은 아쉬움이 컸고, 지도하는 나도 그랬다.

내가 볼 때 그 학생에게 필요한 것은 고난도 문제에 대한 집념과 끈기였다. 나와 함께 공부하며 잦은 계산 실수와 응용문제에 대한 접근 능력은 상당히 개선되었다. 남은 문제는 어떻게 하면 고난도 문제를 정복할 수 있느냐 하는 것이었다.

그 학생은 나름대로 수학적 감각도 좋고, 기본 개념에 대한 이해도 좋았다. 그리고 열심히 했다. 그런데 이 '열심히'가 오히려 부작용을 낳고 있었다. 그 학생은 하루에 수학 문제를 50문제 이상씩 꾸준히 풀었다. 이과 수학이기 때문에 50문제를 푸는 데 대략 3시간 정도 소요되었다. 일일학습계획표대로 하루에 수학 문제 50문제 이상 푼다는 원칙을 착실히 지키고 있었다.

그러나 그 학생의 경우는 그렇게 많은 문제를 풀 필요가 없었다. 그보다는 차라리 한 문제에 한 시간이 걸리더라도 고난도 문제를 잡고 씨름하는 것이 더 필요했다. 그때까지는 고난도 문제를 만나면 10분 정도 고민하다 그냥 넘어가거나 해설을 보았다. 수학은 물론 다른 과목도 마찬가지이지만 고난도 문제는 이렇게 빨리 해설을 보면 안 된다. 앞부분에서 강조했듯이 문제를 묵혀 두면서 며칠씩 생각하고 고민하는 과정이 필요하다.

한 시간 동안 딱 '한 문제'에 모든 신경을 쏟으라는 말이다. 고난도 문제라고 해서 하늘에서 떨어진 게 아니고, 기본적인 개념들이 모인 개념 군집 문제일 뿐이다. 우리가 배우지 않은 내용은 절대로 출제되지 않는다. 그렇다면 내가 배운 것 중에 어떤 개

넘을 사용하면 좋을까? 출제자는 어떤 내용을 말하고 싶은 것일까? 만약 그 개념이라면 어떤 해법들이 있었지? 등을 고민해야 한다. 늘 풀던 50문제를 달달 푸는 대신 고난도 문제에 제대로 몰입하는 시간이 필요한 것이다.

몰입하면 그동안 고민해 온 문제들이 정리되고 순간적으로 번득이는 아이디어가 떠오르기도 한다. 몰입은 이처럼 숨어 있는 놀라운 능력이 발휘되도록 해준다. 각자 자신의 레벨에 맞는 몰입의 순간을 가지도록 하라.

기적은 몰입할 때 일어난다.

4 자신에게 맞는 교재를 선택한다

내가 고등학생이던 시절에는 문제집 종류가 다양하지 않았다. 수학 과목의 경우 전국의 학생들이 《수학의 정석》만 가지고 수능에 대비할 정도였다. 요즘은 과목별로 수십, 수백 가지의 개념서, 내신문제집, 수능대비 문제집이 나와 있는데도 학생들이 어려움을 호소하는 사례가 오히려 더 많다. 선택할 여지가 너무 많아 고민이 더 커진 것이다.

학원 생활을 오래 하면서 제일 큰 고민거리 중 하나가 강좌별로 교재를 무엇으로 진행하느냐는 것이었다. 수학의 경우 기초부터 시작하는 반은 《개념원리》나 《RPM》이라는 교재를 사용하고, 응용력을 높여야 하는 반은 《개념+유형》이나 《쎈》을 사용한다. 그리고 그보다 레벨이 더 높은 반은 《블랙라벨》등의 교재를 사용했는데 늘 만족스럽지가 않았다.

쉬운 교재라고 해서 쉬운 내용만 있는 것이 아니다. 그리고 실력이 비슷한 학생들을 모아 반을 구성한다는 것도 쉬운 일이 아니다. 점수가 비슷하다고 해서 실력까지 비슷한 것은 아니다. 어떤 학생은 1단원에 취약하고, 또 다른 학생은 2단원에 취약할 수 있기 때문이다. 모든 학생의 평균치에 맞는 교재란 없다.

그래서 나는 스스로 축적한 노하우를 이용해 교재를 직접 만들었다. 기본과정, 응용과정, 심화과정, 내신시험 대비과정, 수능 대비과정 등 각 과정에 맞는 내용으로 구성했다. 100% 만족스럽지는 않지만 시중에 나와 있는 교재를 쓰는 것보다는 훨씬 더 효과적이었다. 그러나 모든 학생이 내가 만든 교재로 공부할 수는 없다. 그리고 수학을 제외한 다른 과목은 또 어떻게 할 것인가? 학생들이 시중에 나와 있는 수많은 교재 중에서 자신에게 맞는 교재를 찾을 방법은 무엇인가?

어느 날 팀장으로 근무하는 학원 교무실에서 쉬고 있는데 영어 선생님 한 분이 노트북을 사고 싶은데 어떤 것이 좋을지 좀 알아봐 달라고 했다. 영어 선생님의 손에는 다양한 노트북 안내 책자들이 들려 있었다. 나는 제품 하나하나를 찍어주며 프로세서가 어떻고, 그래픽 카드는 어떻고, 하드용량은 어떤지 등을 상세히 설명해 드렸다. 마지막으로 3개의 제품을 함께 골라 드렸더니 그 선생님은 대리점에 가서 직접 보고 최종 결정을 하겠다고 했다.

며칠 뒤 영어 선생님의 자리에 새로 산 노트북이 놓여 있었다. 그런데 내가 골라준 제품이 아니었다. 영어 선생님이 교무실에 들어오자 내가 물었다.

"선생님, 노트북 새로 사셨네요. 그런데 우리가 고른 모델이 아니네요."

"네, 팀장님. 대리점에 가서 보니까 이게 제일 예쁘더라구요! 호호호."

순간 '뭐지!'라는 생각이 들었다. '그렇게 오래도록 설명해 주고 제일 사양이 좋은 모델로 골라주었는데, 대리점에 가서는 사양이 아니라 그냥 예쁘다는 기준으로 구입하다니. 도대체 그럴 거면 나에게 왜 물어본 거야?'라는 생각이 들었다. 그리고 깨달은 것이 있었다. 아무리 주변에서 좋은 제품이라고 이야기해도 자기 눈과 마음에 들지 않으면 소용이 없다는 사실이었다.

문제집이나 교재도 마찬가지다. 다른 사람이 좋다고 권하는 말은 참고만 하면 된다. 최종 결정은 자신이 직접 하는 게 제일 좋다. 다른 학생들이 많이 본다고 해서 자신도 그것을 따라할 필요는 없다. 직접 서점에 가서 꼼꼼히 살펴보고 결정하는 게 좋다.

교재는 목차와 페이지를 한 장씩 넘기며 구성과 디자인까지 살펴본다. 페이지별로 문제 구성은 어떻게 되어 있는지, 문제 난이도는 어떤지, 디자인이 간결하고 세련되었는지 여부까지 확인한다. 마지막으로 해설을 살펴본다. 해설은 조잡하지 않고 깔끔한지, 횡설수설하지 않고 알기 쉽게 설명되어 있는지, 여러 가지 해법이 다양하게 들어 있는지 등을 확인한다. 그렇게 확인한 다음 전체적으로 디자인이 맘에 드는지, 오래 들고 다니며 공부하는데 지장이 없겠는지 최종 판단한다.

나는 학생들에게 교재를 직접 추천해 주는데, 딱 1주일만 가르쳐 보면 그 학생에게 필요한 교재가 어떤 것인지 정확히 파악이 된다. 비슷한 종류의 교재가 여럿 있는 경우에는 학생에게 서점에 가서 직접 보고 구입하라고 권한다. 내가 추천은 하지만 최종 결정은 학생에게 맡김으로써 책임감을 갖도록 하는 것이다. 본인 손으로 직접 고른 교재가 더 애정이 가서 공부도 잘 된다.

출판사들도 학생들이 디자인이 예쁜 교재를 선호한다는 것을 알기 때문에 디자인에 신경을 많이 쓴다. 표지도 화려하고 글씨체, 사진처리 하나 대충 해놓은 책이 드물다.

일단 교재가 정해지면 차분한 마음으로 공부를 시작한다. 교재는 반복해서 보는 것이 중요하다. 다양한 교재로 많은 문제 유형을 파악하는 것도 의의가 있겠지만, 실제로는 한 권의 교재에 대부분의 문제 유형과 개념이 들어 있기 때문에 그 한 권만 마스터해도 고난도 문제까지 거뜬히 풀 수 있다.

나는 학생들에게 수학 공부를 할 때 교재에 직접 문제풀이를 하지 말라고 한다. 교재에는 틀림 표시와 선생님에게 질문할 표시, 중요한 문제 표시 같은 것만 하라고 시킨다. 교재 한 권을 최소한 두세 번은 반복해서 봐야 하는데, 풀이와 힌트가 적혀 있으면 다시 볼 때 학습 효과가 떨어지기 때문이다. 문제를 한 번 푼다고 1백 퍼센트 이해하고, 자기 것으로 만들기는 어렵다. 그렇기 때문에 반복 공부가 매우 중요하다.

반복하라고 해서 처음부터 모든 문제를 다시 풀라는 말은 아니다. 특별 표시 해놓은 항목만 반복해서 공부하면 된다. 새로운 내용을 알아가는 것만이 공부는 아니다. 자신이 모르는 것을 찾아내 익히고, 모르는 내용을 하나씩 줄여나가는 것도 효과적인 공부 방법이다. 틀린 문제를 몇 번이고 다시 풀어 보며 애정을 갖는 게 필요하다.

학생들을 보면 자기가 맞은 문제는 큰 동그라미로 표시하고, 틀린 문제는 아주 작게 작대기 표시를 하는 경우가 흔히 있다. 나는 학생들에게 채점할 때 맞음 표시는 하지 말라고 한다. 반면에 틀림 표시, 모르는 문제 표시는 크고 눈에 띄게 하라고 시킨다. 그런 문제들에 더 많은 관심을 갖고, 자신의 것으로 만들어야 하기 때문이다. 틀렸던 문제가 반복학습을 통해 풀린다면 학습자의 실력이 그만큼 향상된다. 이것이 진짜 공부법이다.

교재를 가지고 공부하는 데는 두 가지 방법이 있다. 하나는 한 종류의 교재를 두세 번 반복한 다음 레벨이 더 높은 교재로 옮겨가서 다시 반복 공부하는 방법이다. 다른 하나는 쉬운 교재와 고난도 교재를 반복해서 공부하는 학습법이다. 공부하는 시기와 자신의 레벨에 맞춰 더 효과적인 쪽을 택하면 된다.

수학의 경우에는 70점대 이상이라면 두 가지 난이도의 교재를 병행해서 반복하는 게 좋다.《쎈》을 먼저 풀면서 한 단원이 끝나면《블랙라벨》을 이어서 푸는 식이다. 그 다음 단원도 같은 방법으로 반복 공부한다. 이 방법은 내신 대비를 위한 다양한 유형의 문제를 빠르게 풀어 보는 연습용으로 좋다.

수능시험에 대비하는 입장이라면 다양한 문제집을 풀기보다 수능 기출문제집 한 권을 준비해서 지속적으로 반복학습하는 편이 좋다. 수능 기출문제는 동일하기 때문에 굳이 많은 교재를 볼 필요가 없고, 오답을 분석하는 데도 한 권을 반복해서 보는 쪽이 더 효과적이다. 이런 경우 교재 선정의 포인트는 해설이다. 해설을 면밀히 관찰해서 다양한 해법이 소개된 교재를 정할 것을 권한다.

号5 밤샘 '벼락치기'로 공부의 벽을 깬다

시험 기간에 밤새워 공부한 적이 있는가? 밤새워 공부한 적이 없다면, 좋아하는 게임을 하며 밤을 샌 적은 있는가? 아니면 심야영화를 본 적이라도 있는가? 만약 무언가에 집중하고, 밤새워 열정을 바친 경험이 없다면 지금이라도 그런 경험을 해보길 권한다. 100미터 달리기 시합에서 죽을 힘을 다해 질주하던 순간을 떠올려 보라.

나는 밤을 새는 경우가 많았다. 밤샘을 한다고 단 한 숨도 자지 않는 것은 아니다. 평소에 5시간 정도 자는 사람이 한두 시간만 잤다면 밤을 샌 것으로 간주할 수 있을 것이다. 무언가에 집중해서 치열하게 밤을 보내고 아침 공기를 맞으며 학교로 향하면 기분이 너무도 상쾌했다. 비장의 무기를 혼자 힘으로 개발해서 전쟁터로 향하는 기분이라고 할까? 밤을 샌다고 반드시 피곤해서 몸이 축 처지는 것은 아니다. 물론 시간이 지나면 후유증이 나타나겠지만, 그건 낮잠으로 잠깐 보충하면 된다.

학생들에게 밤을 새며 공부를 열심히 하라고 하는 말이 아니다. 그 반대로 하라는 말이다. 군이 밤을 새며 공부하지 말고, 평소에 벼락치기 공부하듯 공부를 하라는 뜻이다. 시간을 적절히 쪼개 철저한 계획을 세운다. 그리고 공부에 임하는 순간만큼은 온 정신을 집중한다.

성적이 좋은 학생들은 실제로 공부 양이 그다지 많지 않다. 내가 가르친 어떤 여학생은 전교 1등인데도 하루에 공부하는 시간은 수업 끝난 뒤 두세 시간이 전부였다. 그런데도 고교 3년 내내 전교 1등을 놓치지 않았다. 그 여학생의 최고 무기는 바로 집중력이었다. 공부하는 시간에는 핸드폰은 쳐다보지도 않고 온전히 공부에만 전념한다고 했다.

사람은 대체로 자신이 좋아하는 일에는 시간 가는 줄 모르고 집중하게 되어 있다. 전교 1등을 하는 학생이라고 공부를 특별히 좋아할 리는 없다. 그 여학생도 대학에 들어가기만 하면 이따위 공부는 두 번 다시 하지 않겠다는 말을 입에 달고 다녔다. 하기 싫은 공부이지만 자신의 미래 목표를 이루기 위해 지금은 억지로 한다는 것이었다.

공부는 서서히 단계적으로 하는 것보다 과감하게 시작하는 게 큰 자극이 된다. 벼락치기로 공부를 하는 것이다. 번지점프를 할 때 점프대 끝에 서서 딱 한 걸음만 앞으로 내디디면 되는데 그게 힘들다. 그 순간 누가 뒤에서 밀면 어쩔 수 없이 점프대 밑으로 몸이 떨어지게 되는데 그런 효과와 비슷하다.

억지로라도 하루 날을 잡은 다음 좋아하는 음악을 틀어놓고,

맛있는 간식을 먹어가며 밤늦도록 공부해 보자. 너무 어려워 손도 대지 않던 수학 공부도 하고, 국어 지문도 읽고, 영어단어도 외워가며 '오늘 죽었다!' 생각하고 해보는 것이다. 물론 공부하는 그 시간을 즐길 수 있으면 제일 좋겠지만, 그게 아니더라고 한번 날을 잡고 세게 달려 보자.

그렇게 밤을 새고 창밖으로 새벽공기가 넘어 들어올 때쯤 창문을 활짝 열어젖힌다. 무슨 낭만을 느끼라는 게 아니라 승리의 쾌감을 맛보라는 것이다. 힘들게 산 정상에 올랐을 때의 성취감과 뿌듯함이 느껴질 것이다. 하룻밤 새서 공부한다고 금방 대단한 효과가 나타나는 것은 아니다. 이런 벼락치기 공부를 통해 그동안 힘들었던 공부의 첫걸음을 내딛어 보라는 것이다. 하룻밤 공부를 통해서도 '나도 할 수 있다!'는 자신감을 얻을 수 있다. 하루 만에 공부에 임하는 정신력이 단단해지기 시작할 것이다.

집중해서 밤을 새는 경험을 하고 나면 공부에 대한 두려움이 다소 사라질 것이다. 집중해서 공부한다는 게 어떤 기분인지 맛보게 되는 것이다. 무언가에 제대로 집중하면 주변에서 일어나는 일들이 귀에 하나도 들리지 않는 현상이 생긴다. 마치 귀신에 홀린 듯 그 일에 빠져들게 되는데, 이런 상태에서 하는 공부는 우리 뇌에 온전히 흡수된다.

공부 초보자에게는 이런 기회가 적을 수밖에 없다. 그래서 일단 밤을 한 번 새서 억지로라도 그 맛을 보라고 하는 것이다. 밤을 새면 몽롱한 상태를 경험하게 되는데, 그 몽롱한 상태가 바로 집중력이 활성화되는 느낌과 비슷하다.

내가 고3 때는 야간자율학습 시간에 뇌파의 파동을 이용하는 전자기기가 인기였다. 알파파, 베타파라는 파동을 안정적으로 불러일으키는 전자음이 이어폰을 타고 귀로 전해지는 것이었다. 공부에 집중하도록 최적의 뇌 상태를 만들어 준다는 기계였다.

그러나 실제 효과는 별로였던 것 같다. 사실 전교 10등 안에 드는 학생치고 그 기계를 사용하는 친구는 한 명도 없었다. 우리의 뇌는 스스로 집중하겠다고 마음먹고 행동하면 얼마든지 공부에 최적인 상태로 만들 수 있다고 한다. 믿음의 문제라고 할 수 있다. 그래서 '지금 집중해서 공부하고 있으니 제대로 기억하고 이해하게 될 거야.'라는 믿음과 자신감이 필요하다. 이런 긍정적인 자세를 갖추면 집중력 있게 공부할 수 있다.

엄청 산만한 학생이 학원에 왔다. 수업시간에 제대로 집중해서 공부에 임하지 못하고, 숙제 해오는 것도 늘 부족했다. 본인 스스로도 자기는 집중도 잘 못하고, 공부에 흥미가 없다고 했다. 그래도 어릴 때부터 아이 어머니가 억지로 관리형 독서실에 보내 늘 밤 11시까지 책상에 앉아 있기는 했다. 하지만 책상에 앉아 있다고 공부를 하는 것은 아니다.

어느 날 그 학생과 내기를 했다. 토요일에 아침 9시에 나와서 밤 9시까지 공부하면서 수학 문제 200문항을 풀면 내가 10만원을 주겠다고 한 것이다. 그 학생 입장에서는 어차피 억지로 독서실에 가서 책상에 멍하니 앉아 있을 건데, 학원 독서실에 앉아 있으면 돈이 생기니 좋다고 했다.

그리고 토요일이 되었다. 학생은 9시보다 20분 이른 시간에 와서 책상에 앉아 있었다. 공부를 시작하지는 않고 핸드폰을 들여다보고 있었다. 나는 다가가서 200문제가 실린 수학 자료 프린트를 주면서 이렇게 말했다.

"12시간이 긴 것 같지만 수학 문제 200문제 풀려면 생각처럼 여유가 없을 거야."

"그런 걱정 마시고 10만원 준비해 두세요."

학생은 자신만만하게 이렇게 대꾸했다.

오후 2시 넘어 그 학생이 점심식사를 하러 나간 사이에 공부한 양을 체크해 보니 10문제 정도 풀려 있었다. 속으로는 '10만원 굳었다.'라는 생각이 들었지만 한편으로는 마음이 편치 않았다. 나는 그 아이에게 자기도 마음먹으면 그동안 해보지 못한 양의 공부를 해낼 수 있다는 성취감을 느끼게 해주고 싶었다. 벼락치기 공부를 통해 그동안 스스로 만들어 놓은 한계의 벽을 깨 주기를 바랐던 것이다.

점심 먹고 들어온 학생에서 분명히 말했다. 시간만 채운다고 게임에 이기는 것이 아니라, 200문제를 제대로 푸는 것이 중요하다고. 시간은 흘러 밤 9시가 되었다. 학원 독서실 밖에서 들여다보니 아이는 정말 미친 듯이 공부하고 있었다. 시간이 다 되었다고 말하자 한 시간만 더 달라고 말했다. "좋아, 딱 한 시간이야!"

그 학생은 밤 10시를 넘겨 11시가 다 되어서 200문제를 다 채웠다. 시간은 넘겼지만 세상에서 가장 힘들면서도 성취감에 도취된 얼굴로 프린트를 가져왔다. 대충 푼 것은 없는지 페이지마다 꼼꼼히 살펴보았는데 생각보다 나쁘지 않았다.

"자, 여기 10만원. 엄마한테는 비밀로 할 테니 쓰고 싶은 데 써. 그리고 오늘 푼 200문제는 가져가서 채점하고 틀린 문제는 연습장에 다시 풀어오기. 오늘 정말 고생했다."

이렇게 말하며 학생을 보냈다.

태도가 단번에 바뀌기는 어렵다. 하지만 그렇게도 숙제를 해오지 않던 아이가 200문제에 대한 오답을 꼼꼼하게 해왔다. 그날 이후로는 숙제도 최대한 제대로 하려는 모습이 연습장에 나타났다. 성적이 오른 것은 당연하고, 더 중요한 것은 스스로 공부에 대한 자신감을 갖게 되었다는 사실이다. 그런 변화가 모두 나와 한 '10만원 게임' 덕분에 시작되었다고 말할 수는 없겠지만, 그날의 벼락치기 집중력 게임이 아이가 자신의 한계를 깨는 데 크게 기여한 것은 분명하다.

집중력은 타고 나는 게 아니라 누구라도 마음만 먹으면 장착할 수 있다. 공부를 좋아하지 않는 학생이라면 이런 벼락치기 공부를 통해 첫걸음을 내딛어 보도록 하자. 일단 시작해 보면 생각보다 수월하게 진행된다.

새벽 해가 어둠을 깨고 솟아오르는 것처럼 공부에도 '딱 한 번'의 그 순간이 필요하다.

🔢6 어려운 문제를 물고 늘어진다

살다 보면 지름길인 줄 알면서도 피하고 싶은 길이 있다. 하지만 그 길을 피해서 가려다 결과적으로 더 나쁜 길이나 막다른 길을 만나 되돌아오게 되는 경우가 생긴다. 예를 들어 수학 공부를 할 때 함수가 싫어서 피하면 뒤에 나오는 미분, 적분을 전혀 공부할 수가 없다. 결국 함수를 공부할 수밖에 없게 된다. 영어도 마찬가지이다. 단어 외우는 것이 싫다고 피하면 독해와 문법, 아무것도 할 수 없다.

그렇지 않고 피하고 싶은 것을 과감히 선택하고, 적극적으로 파고들다 보면 생각지 못한 성과를 얻게 된다. 모르는 문제, 자꾸 틀리는 문제를 만나면 실패할 것이 두려워 피하려고만 하는 학생들이 많다. 그러나 그런 문제일수록 반갑게 맞이하고, 공격적으로 맞서면 진짜 실력이 쌓인다.

나는 고등학교 시절에 영어가 너무 싫고 어려웠다. 문법이나 독해는 노력하는 만큼 성적을 올릴 수 있으나 듣기가 문제였다. 영어로 말하는 내용은 전혀 알아들을 수가 없었다. 그러니 시험을 치면 듣기평가 점수는 늘 최악이었다. 공부를 아주 못하는 친구들도 영어 듣기평가만큼은 잘 맞췄는데 나는 10문제 중 5문제를 맞추기도 힘들었다. 그러다 보니 점점 더 영어가 싫어지고, 포기하고 싶은 마음까지 생겼다.

영어에 대한 부정적인 생각은 고등학교 2학년 가을까지 이어졌다. 그리고 가출을 비롯해 여러 일을 겪으며 영어에 대한 생각도 달라졌다. 대학을 가기로 결심하면서 그렇게 되었는데, 대학 진학을 하려면 영어 과목을 포기할 수 없었다. 사실 듣기만 제대로 정복하면 되는 문제였다. 약점을 정확히 알고 있고, 그것만 보완하면 되기 때문에 굳이 포기할 이유가 없었다.

나름 영어 듣기를 위해 여러 가지 방법을 동원했다. 음악은 팝송만 듣고, 주말 아침에는 주한미군방송인 AFKN 뉴스도 들었다. 결과가 썩 좋지는 않았지만 어느 정도 성과를 올릴 수 있었다. 10문제 중 8문제는 맞출 수 있게 된 것이다. 듣기를 제외한 다른 부분은 더 열심히 공부했다. 영어단어 암기와 문법, 독해는 공부한 만큼 성과가 나왔고, 그것으로 듣기에서 잃는 점수를 만회할 수 있었다.

약점을 정확히 알면 절반은 성공이다. 그 부분을 집중적으로 하면 되기 때문이다. 강점을 정확히 알면 그것도 절반의 성공이다. 약점을 보완하는 강력한 무기가 될 수 있기 때문이다.

대부분의 학생들이 수학 공부를 할 때 긴 문제나 그림이나 그래프가 나오면 일단 넘어간다. 하지만 그 문제가 학교 시험과 수능시험에 반드시 출제되는 것이라면 그냥 넘어갈 수가 없다. 너무 어렵고 자신의 레벨에 맞지 않는다면 일단 접어둘 수는 있다. 하지만 학생이 풀지 못할 정도로 어려운 문제는 적어도 고등학교 과정에는 그리 많지 않다. 그런 문제를 풀기 위해 노력하는 과정 자체가 큰 의미를 지닌다.

고등학교 3학년 때 2주마다 우편으로 배달되는 수학 문제집을 신청해서 공부했다. 요즘은 수능 대비 문제집의 종류가 다양하지만, 내가 공부하던 시절에는 그리 많지 않았다. 다행히 나에게 맞는 시스템의 문제집을 찾았다. 2주마다 오는 문제집인데 양이 많지는 않았다. 수학 문제 딱 10개가 담겨 있는데 난이도가 꽤나 높았다. 이 문제집의 특징은 어려운 문제가 아니라 해설에 있었다. 문제별로 푸는 해법이 3개에서 많게는 5개까지 있는 것이었다. 문제를 풀지 못하더라도 여러 해법을 분석해 보면서 다양한 사고를 할 수 있도록 되어 있었다.

문제집이 규칙적으로 배달되는 2주라는 기간도 절묘했다. 문제집에 실린 10문제 중에서 두세 문제는 죽어도 풀 수 없는 어려운 문제였는데, 그 문제를 해설을 보지 않고 2주 동안 생각하고 고민했다. 나는 쉽게 풀리지 않는 이 두세 문제의 해법을 고민하는 시간이 좋았다. 그런 힘든 과정이 수학 실력 향상에 큰 도움을 주었다고 나는 생각한다. 어렵다고 피하지 않고, 오히려 그런 문제를 끼고 다니며 고민했다. 어디서부터 시작할까? 무슨 공식을 사용할까? 내가 아는 개념 중에 적용하지 않은 것이 무엇일까? 내가 놓친 조건이 있을까? 출제자는 무엇을 물어보려고 했을까? 등의 질문을 수없이 던지며 잠이 들고, 일어나면 또 고민하기를 반복했다.

그렇게 며칠을 고민하고 씨름하면 신기하게도 해법에 어느 정도 접근이 되었다. 답이 틀려도 해설이 비슷하면 기분 좋고, 해설지에 없는 해법으로 정확한 답이 나오는 경우에는 그 쾌감과 성취감이 이루 말할 수 없을 정도로 컸다. 이런 과정을 통해 얻는 실력 향상의 정도는 엄청나다.

늘 아는 문제, 아는 단어만 공부하면서 만족해하면 안 된다. 어렵고, 싫고, 힘든 내용이라도 필요한 내용이라면 과감히 부딪쳐서 이겨낼 각오가 되어 있어야 한다. 모르는 문제에 대한 선입견도 버릴 필요가 있다. 모른다고 다 어려운 문제는 아니다. 모른다고 섣불리 포기하지 말고, 그럴수록 문제를 더 주의 깊게 살펴보고 파헤치는 자세가 필요하다. 끝까지 풀리지 않고 실마리가 보이지 않는 문제라도 좋다. 그런 문제를 관찰하고 파헤치려고 노력하는 과정을 통해 실력이 향상된다.

특히 늦게 공부에 눈을 뜬 학생일수록 어려운 문제에 더 집중해야 한다. 두 가지를 동시에 진행하는데, 쉬운 내용과 필수 내용은 지속적인 반복을 통해 감을 이어가고, 어려운 문제, 까다로운 문제는 충분히 고민하는 시간을 갖도록 한다.

겉으로 보기에 정말 열심히 하는 어떤 학생을 지도했다. 숙제도 항상 성실하고 부지런히 해왔다. 그런데 시험을 보면 점수가 한결같이 70점대를 맴돌았다. 공부하는 양이나 레벨로 볼 때 충분히 80점대는 나올 수 있는 아이였다. 실수를 많이 하는 것도 아니었다. 문제는 응용문제에 있었다.

시험 성적이 50점대에서 70점대로 나오는 학생과 학부모들이 자주 하는 말이 있다. '개념도 알고, 기본 실력은 있는데 응용문제, 고난도 문제를 풀지 못해요.'라는 것이다. 결론을 말하면, 첫째는 아직 개념을 잘 모르기 때문에 응용문제를 못 푸는 것이고, 둘째는 호기심이 없고 고민을 하지 않기 때문에 실력이 기본 수준에 멈춰 있는 것이다.

하늘에서 뚝 떨어진 것처럼 어려운 고난도 문제는 없다. 기본 개념과 기본 문제가 모여 고난도 문제가 되는 것이다. 아무리 어려운 문제라도 차근차근 뜯어보면 학생들이 모를 개념이나 새로운 공식이 없다. 다 아는 내용을 연결해 놓은 것뿐이다. 그러니 기본 문제에서 실수하거나 틀리는 경우에는 그것부터 완벽하게 익혀야 한다. 예를 들어 수학 모의고사에서 3점짜리 문제가 틀린

다면 4점짜리 고난도 문제를 훈련하기보다는 3점짜리를 다 맞출 실력을 만드는 것이 우선이다.

3점짜리 문제를 거뜬히 다 풀 수 있고, 영어단어를 몰라 틀리는 경우가 생기지 않는다면, 그때부터는 고난도 문제에 대한 훈련이 필요하다. 결코 어렵지 않다. 어려운 문제를 매일 많이 푸는 것이 아니라, 한 문제를 풀더라도 깊이 고민하고 제대로 푸는 과정을 갖는 것이다. 답이 틀려도 좋다. 해설은 가능한 한 보지 말고, 몇 날 며칠 끙끙대며 고민해 보는 것이다. 고민하고, 생각하고, 내가 아는 것을 하나씩 들춰가며 확인하는 과정을 통해 지식이 정리되고, 진짜 자신의 것이 된다.

응용문제에 약하다고 하던 어떤 학생은 3점짜리 문제를 완벽하게 정복하는 데 2개월 정도 걸렸다. 그리고 고난도 문제에 대한 훈련을 했다. 정말 어려운 문제를 만나면 내게 가져와 며칠 동안 고민할 가치가 있는지 물어봤다. 나는 그 학생에게 도움이 되고, 고민해 볼 필요가 있는 문제를 추려주었다. 그렇게 문제를 추려주면 그 학생은 절대로 해설을 보지 않고 문제를 풀려고 길게는 일주일 동안 고민하는 시간을 가졌다.

지금 생각해 보면 그 학생이 제대로 답을 풀어낸 고난도 문제는 거의 없었다. 그러나 그 문제를 풀기 위해 고민하는 시간과 과정을 통해 그의 실력은 크게 향상되었다. 물론 원하는 대학에 입학했다. 어려운 문제라고 섣불리 포기하고 그냥 넘어갔다면 그 정도로 실력 향상이 되지 못했을 것이다. 참고 인내하고 사고하는 과정이 있었기에 가능한 결과였다.

어려운 문제를 풀면서 느끼는 과정은 정말 힘들고 답답할 것이다. 하지만 그런 과정을 반복하면서 더 큰 성취감을 맛볼 수 있고, 많은 실력 향상을 얻을 수 있다. 그러니 절대로 섣불리 포기하거나 피하려고 해서는 안 된다. 끝까지 희망을 가져야 한다. 그렇게 힘들고 속 썩이는 문제들이 실력 향상을 가져오는 보약이 되고 성공의 씨앗이 된다.

공부의 완성은 이런 힘든 과정을 거쳐서 이루어진다.

7 오답 노트를 반드시 만든다

오답 노트 작성에 대해 부정적으로 생각하는 사람들도 있다. 노트를 작성하는 데 드는 시간에 비해 효과가 적다는 것이다. 일리 있는 말이다. 오답 노트는 반드시 단기 성과를 기대해서가 아니라 자신의 약점을 기록하고, 이를 극복하려고 노력하는 과정으로 생각해야 한다. 이런 과정을 통해 자신의 부족한 부분을 보완하고, 장기적으로 성과를 올리는 것이다. 그런 의미에서 오답 노트는 공부의 효율을 올리는 아주 좋은 방법 가운데 하나이다.

오답 노트를 작성할 때는 몇 가지 오해와 실패 요소를 분명히 하고 시작하는 게 좋다. 첫째, 틀린 문제와 어려운 문제를 오려 붙이는 식으로 오답 노트를 작성하는 건 금물이다. 그걸 오려 붙이려고 가위와 풀, 테이프를 가지고 다닐 수는 없다. 그런 불필요하고 번거로운 일은 하지 말도록 한다.

둘째, 오답 노트를 꼭 예쁘게 만들겠다는 강박관념도 갖지 말자. 오답 노트에 적힌 문제는 스스로 해결해야 하는 과제이고, 그 과제를 해결하고 나면 그 문제는 더 이상 나의 약점이 아니다. 그때는 과감히 오답 노트를 버려도 된다. 그런 오답 노트를 갖가지 색상으로 꾸미고, 무슨 보물 다루듯이 하는 것은 쓸데없는 짓이다. 오답 노트를 예쁘게 꾸미려고 시간 낭비하지 말자.

그렇다면 오답 노트는 어떻게 만들고, 어떻게 효과적으로 활용할 것인가. 솔직히 오답 노트는 별도로 만들 필요도 없다. 제자 중에 고등학교 3년 내내 전교 1등을 한 학생이 있다. 그 학생은 별도로 오답 노트를 만들지도 않았다. 내가 나눠주는 연습장을 바로 오답 노트로 활용한 것이다.

나는 학생들에게 연습장을 무료로 나눠주는데, 학생들이 숙제를 그 연습장에 해오면 거두어서 숙제 검사를 했다. 숙제 검사를 하면서 학생들이 문제를 어떻게 접근하고, 어떤 실수를 하고, 무슨 단원, 무슨 유형에 약한지 등을 파악했다. 그 학생도 늘 그 연습장에 문제를 풀었는데, 나는 그 학생의 연습장을 검사하며 정말 놀라운 점을 발견했다.

그 학생은 틀린 문제나 어려운 문제를 지독하다 싶을 정도로 꼼꼼히 풀었는데, 틀린 문제는 빨간색으로 표시하고, 왜 틀렸는지, 무슨 실수를 했는지, 앞으로 이런 문제를 접근할 때 주의할 점 등을 빼곡하게 적어 놓았다. 그리고 오답과 분석은 한 번으로 그치지 않고, 적어도 세 번은 반복해서 푼 흔적을 남겼다. 그러면서 느낀 생각과 문제 풀이 과정에서 자신이 범한 문제점과 개선되는 사항을 적었다. 그리고 마지막으로 그 문제를 마스터하게 되면 파란색으로 'OK'라는 표시를 해두었다. 마치 전쟁영화 한

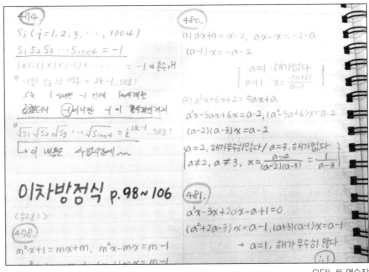

오답노트 연습장

편을 보는 기분이었다. 그 학생은 문제와 싸워 결국 이겼고, 그 승리의 과정을 연습장에 기록했다. 바로 이것이 진정한 오답 노트이다.

오답 노트를 만드는 가장 큰 목적은 자신의 약점을 보완하기 위해 문제와 싸울 장소를 만들고, 반복해서 싸워 이기기 위함이다. 오답 노트는 만든 다음 그냥 방치해 두면 안 된다. 오답 노트랍시고 온갖 정성을 들여 만든 다음 두 번 다시 들여다보지 않는 학생들이 많다. 그처럼 의미 없는 오답 노트는 만들지 않는 편이 더 낫다. 앞에 소개한 그 학생은 따로 오답 노트를 만들지 않고, 문제 풀이 연습장에 흔적을 남겨놓고, 최소한 3번 이상 반복해서 틀린 문제와 싸웠다. 될 때까지 싸우는 것이다. 바로 이런 치열함이 필요하다. 오답 노트는 이런 치열함을 발휘할 싸움터이다.

나는 고등학생 때 오답 노트를 노트에 따로 만들지 않았다. 노트에 만들면 그걸 다시 들여다볼 성격이 아님을 스스로 잘 알았기 때문이다. 대신 A4용지나 이면지에다 오답 노트 역할을 할 싸움터를 만들었다. 노트보다 들고 다니기 편하고, 분류하기도 좋았다. 공부하다가 틀리거나 실수한 문제, 이해 안 되는 문제, 도저히 암기하기 힘든 내용 등을 거기다 적었다. 그 종이를 늘 들고 다니며 틈날 때마다 들여다보고 음미했다. 버스 타고 가면서, 쉬는 시간에도 가벼운 마음으로 들여다보았다. 그러다 보면 전혀 해법이 생각나지 않던 문제들이 실마리가 슬슬 풀렸다. 암기되지 않던 영어단어나 사회 용어들이 어느새 머리와 마음속에 자리 잡는 느낌이 들었다.

그런 식으로 오답 노트가 마무리되면 그룹별로 분류해서 정리했다. 그러면서 새로 나타난 오답 문제와 암기가 잘 안 되는 내용이 담긴 종이를 다시 들고 다녔다. 이런 식으로 오답 노트를 만들어서 활용했다. 그것은 나의 약점을 보완하고, 지속적인 고민을 통해 결국 해법을 찾아내는 매우 효율적인 방법이었다. 그렇다고 이런 과정이 마냥 편하고 쉬운 것은 아니다.

미국 로스앤젤레스 캘리포니아대학UCLA의 심리학 교수인 로버트 비욕^{Robert Bjork}은 "힘들이지 않고 수월하게 연습하는 것이 바람직하다고 흔히들 생각한다. 하지만 그건 정말 형편없는 학습방식이다."고 했다. 자신의 약점을 보완하고 실력을 향상시키기 위해서 하는 공부는 결코 수월하거나 쉽게 되지 않는다. 세상에 그런 방법은 없다. 운동을 통해 '왕'자 복근을 만들고 싶은데, 그 목표를 편하게 이룰 방법은 없다. 먹는 것을 조절하고, 매일 땀 흘리며 힘겹게 운동해야 그 목표를 이룰 수 있다.

공부도 마찬가지다. 편하고 쉽게 실력을 크게 향상시킬 방도는 없다. 그러나 내가 직접 경험하고 지도해 본 결과 공부 실력을 늘리는 것은 배에 '왕'자를 만드는 것보다 100배 더 쉽다. 오답 노트를 이용하는 것도 그 목표를 이루는 데 도움이 되는 아주 좋은 공부법이다. 전교 1등을 하던 그 학생처럼 지금 사용하는 연습장을 활용해도 좋고, 나처럼 들고 다니면서 수시로 볼 수 있도록 A4용지나 이면지를 사용해도 좋다. 뭐든 좋으니 오답 노트는 반드시 만들어야 한다. 아니 이게 제일 좋은 방법이다! 제발 내 말대로 한번 해보도록 하자!

매일 자신이 좋아하는 과목과 잘 푸는 유형, 암기하기 편한 단어만 공부해서는 절대로 실력이 향상되지 않는다. 자신이 취약한 문제, 잘 외워지지 않는 내용을 반복하고 연습하고 단련해야 한다.

어떤 학생이 상담을 하러 왔다. 정말 열심히 공부하는 것 같은데 도무지 실력이 나아지지 않는다고 했다. 나는 그 학생의 연습장에 늘 같은 메시지를 남겼다. '숙제는 열심히 하는데 채점도 하지 않고, 오답 정리를 하지 않는 것은 좋지 않음. 반드시 진행하도록. 특히 오답 정리가 제일 중요함.'이라고. 그러나 그 학생은 좀처럼 채점을 하지 않았다. 이유를 물으니 채점할 시간이 없다는 것이었다. 수학 숙제가 100문제면 100문제를 다 풀고 나서 채점하는 스타일이었다. 그러다 보니 숙제를 80문제 정도만 풀고 나머지를 못하면 채점도 하지 않고 숙제를 제출하는 것이었다. 채점을 하지 않으니 오답 정리가 있을 리 만무했다.

이런 공부법으로는 성과를 내기 어렵다. 공부는 자신이 아는 내용을 재확인하는 게 아니라, 자신의 약점을 찾아내고 보완해 나가는 과정이다. 그러면서 부족한 부분이 채워지고 실력이 향상된다. 다시 말해 공부는 자신의 부족한 부분을 찾아내서 보완하는 과정이다. 채점과 오답 정리를 하는 것은 부족한 부분을 차곡차곡 채워 나가는 과정이다. 이처럼 공부에서 매우 중요한 핵심 역할을 도와주는 것이 바로 오답 노트이다. 오답 노트를 제대로 활용하면 최고의 무기가 될 수 있다.

복잡하다거나 귀찮다고 생각하면 안된다. 그냥 공부하는 연습장에 문제를 풀거나 암기할 내용을 적으면서 자신의 약점이라 생각되는 내용을 빨간색으로 작성하라. 노트이든 이면지이든 적고 흔적을 남겨라. 그렇게 적은 내용들이 바로 여러분의 실력을 향상시켜 줄 절대 코드이다. 이제 그것과 싸워 이기면 된다. 그 과정이 절대 쉽지 않고 순탄하지 않다는 점은 미리 알고 있어야 한다. 너무 쉬우면 성취감도 재미도 없지 않을까? 반복해서 치열하게 고민하고, 미래의 꿈을 생각하며 오답 노트에 적은 문제들을 하나씩 정복해 나가자. 정복한 다음에는 따로 분류하거나 '완료' 표시를 멋지게 해두자. 실력이 놀랄 정도로 향상되고, 자신의 꿈과 목표에 다가가고 있다는 느낌이 들 것이다.

적당한 노력으로는
비범한 꿈을 이루지 못한다

하루쯤 제대로 날을 잡고 공부해 보자. 과연 얼마나 오랜 시간 공부할 수 있을지, 앉아서 얼마나 오래 버틸 수 있을지 자신의 능력에 도전해 보자. 자신의 한계를 넘어 목표를 달성하면 그 성취감은 물론이고, 더 큰 일도 해낼 수 있다는 자신감이 생길 것이다. 대충 적당히 하는 게 아니라 미친 듯이 제대로 한 번 해보자.

전력질주한 뒤 내뿜어져 나오는 숨소리, 산 정상에 올랐을 때의 성취감, 어려운 퍼즐을 맞췄을 때 맛보는 쾌감, 좋아하는 컴퓨터 게임의 왕을 깼을 때 느끼는 짜릿한 승리감을 생각해 보자. 공부도 이왕 하기로 했으면 미친 듯이 한 번 달려들어 보자.

대학시절 농촌 봉사활동을 하러 갔을 때였다. 9박 10일 일정으로 매년 여름방학이 시작되면 봉사활동을 다녀왔다. 첫해에는 아무 생각 없이 선배들에게 이끌려 따라갔는데 정말 하루하루 버티기가 힘들었다. 농촌의 밭일과 논일은 해본 적이 없기 때문에 체력적으로 정신적으로 정말 힘들었다. 매일 아침 7시부터 시작되는 일과는 저녁 6시가 되어야 끝이 났다. 정말 중간 중간 마을 주민들이 날라다 주는 막걸리가 없으면 견디기 힘들 정도로 힘든 노동이었다.

　그런데 농촌 봉사활동의 묘미는 마지막 날에 있었다! 봉사활동을 간 대학생들이 한데 모여 축제를 벌인다. 그 시간이 되면 열흘간의 힘든 봉사활동이 멋진 추억으로, 최고의 성취감으로 변한다. 내가 그 힘든 열흘을 버텨냈다니! 이렇게 멋진 기분, 이렇게 큰 성취감을 얻을 수 있다니! 라는 생각으로 가득 찬다. 이듬해가 되면 힘든 일정임을 알면서도 다시 농촌 봉사활동에 나섰다. 첫 봉사활동에 나설 때의 두려움 따위는 없다. 그 힘든 열흘을 통해 다시금 성장하는 자신을 기대하게 되고, 다녀왔을 때 맛볼 멋진 성취감을 예상하며 설렜다.

　한 번 이겨낸 대상에 대한 두려움은 시간이 지나며 줄어들거나 사라진다. 더 큰 위기와 어려움을 이겨낼 자신감도 생긴다. 공부도 마찬가지이다. 공부가 두려운가? 그렇다면 사소한 것부터 하나씩 정복해 나가 보자. 처음에는 한 시간! 다음에는 두 시간! 그리고 네 시간! 마지막에는 밤을 새며 공부해 보는 것이다. 그러면 차츰 공부에 대한 두려움이 줄어들 것이다. 밤을 새며 공부해 본 자만이 이튿날 멋진 새벽공기의 참맛을 즐길 수 있다.

열정을 다해 실천하고 행동하는 것은 어려운 일이 아니다. 어찌 보면 아주 단순한 일이다. 하고 싶은 것을 미친 듯이 하는 것일 뿐이다. '하고 싶은 것을 한다!', '원하는 것을 얻기 위해 달린다!' 라고 생각하며 마음 가는대로 실천하면 된다. 공부란 여러분의 꿈, 미래를 찾아가는 가장 쉬운 방법이고 효율적인 스킬이다. 이왕 할 거라면 열정을 쏟아 공부에 매달려 보자.

삼성에서 퇴사하고 학원 강사가 되었을 때 내 마음은 오로지 하나의 꿈으로 가득했다. 최고의 강사로 성공하는 것! 오로지 그 꿈만 생각하고, 성공한 나를 그리며 하루하루를 열정적으로 살았다. 자신의 부족함을 인정했기 때문에 더 절실히 밤을 새며 수업 준비와 공부를 했다. 내가 할 수 있는 일에 나의 모든 것을 쏟아 부었다. 그 결과 강사생활 불과 6개월 만에 학원에서 팀장이 되고, 학생 수 70명을 넘기게 되었다. 그리고 60여 명의 강사들 중에서 그해 최고의 강사상을 받았다. 그리고 3년 뒤에는 억대 연봉 수학 강사가 되었다.

자신이 좋아하는 일에 열정을 쏟으면 어떤 결과를 얻게 되는지 나는 안다. 노력은 배신하지 않는다는 말이 있지만, 나는 '열정은 절대 배신하지 않는다!'라고 말하고 싶다. 열정이 노력을 만들고, 열정이 성공을 만든다. 대충 해서는 절대로 효과를 낼 수 없다. 열정이 넘치는 사람은 그런 스스로를 결코 용납하지 않는다.

냉정하게 생각해 보자. 얼마나 치열하게 공부했는가? 공부를 제대로 하지 않은 이유가 정말 좋지 않은 환경 때문인가? 부모 탓인가? 정말 후회 없이 열심히 노력했는데 성적이 제대로 나오지 않은 것인가? 꿈을 위해 나는 얼마나 열정을 쏟았는가? 나의 일상에 게으름이란 단어는 정말 없었는가? 잠들기 전 하루를 돌이켜볼 때 얼마나 자신에게 떳떳한가!

수능시험을 6개월 남긴 시점에 진행된 6월 평가원 모의고사에서 좋은 성적을 거둔 학생이 있었다. 3월에 나를 만나 제대로 수학 공부를 시작한 학생인데 불과 3개월 만에 5등급이던 성적이

1등급으로 올랐다. 정말 엄청난 결과였다. 나도 놀랐지만, 그 학생이 받은 짜릿한 승리감은 어마어마했다.

그런데 그 짜릿함이 좋지 않은 결과를 키웠다. 수능시험까지 6개월이 남은 시기였는데 그 학생이 거만한 자신감을 보이기 시작한 것이다. 노력하는 과정이 모두 끝난 것처럼 행동했다. 과제도 제대로 해오지 않고, 수업 집중력도 크게 떨어졌다. 나는 걱정이 되기 시작했지만 학생은 넘치는 자신감으로 여유 있게 하루하루를 보냈다. 마치 수능시험이 끝난 아이처럼 행동했다.

결국 수능시험을 두 달 남기고 진행된 평가원 모의고사에서 참담한 결과를 얻었다. 다시 수학 5등급으로 고꾸라진 것이다. 국어, 영어 성적도 모두 바닥을 쳤다. 그래도 나는 그 학생을 혼내지 않았다. 본인이 더 당황스럽고 불안스러울 것이었기 때문이다. 수능시험이라는 본 시험 전에 그런 일이 일어난 게 그나마 다행이었다. 더 다행인 것은 그 학생이 이런 충격을 극복하고 다시 초심으로 돌아가서 새로 시작할 수 있는 초특급 긍정 마인드를 장착하고 있다는 점이었다.

이후 수능시험까지 그 학생이 보여준 열정은 실로 대단했다. 그렇다고 미친 듯이 밤을 새며 공부하는 것은 아니었다. 3월에 처음 수능공부를 제대로 시작할 때처럼 욕심을 버리고 차분히 정리해 나갔다. 그동안 공부한 내용을 다시 복습하고, 잊어버린 개념을 익히고, 핵심 문제를 정리해서 만들어 준 과제를 충실히 풀어 왔다. 수업 중 집중력도 돌아오고, 긍정적인 미소로 불안함을 떨쳐내며 공부했다. 이것이 바로 '불 맛' 나는 공부법이다.

치열하게 공부하는 것도 좋지만, 그보다는 자신에게 맞는 공부 방법으로 지속적으로 꾸준히 하는 게 더 중요하다. '불 맛' 나는 공부란 공부에 대한 초심을 유지하는 것이다. 자신의 꿈을 찾고, 목표를 정하고, 계획을 하나하나 세워 가며 설레던 초심을 회복하고 유지하는 것이다. 얼마나 행복하고 가슴 벅찼던가. 누가 억지로 끌고 가는 것도 아니고 온전히 자신의 의지로, 온전히 '자신을 위한' 공부를 하는 것! 그것이 진짜 '불 맛' 나는 공부이다.

절반의 노력만 쏟는다면 절반의 성공에 그치는 게 아니라 아무 것도 얻지 못한다. 꿈과 목표도 마찬가지이다. 적당히 하면 절대로 자신이 세운 꿈에 도달하지 못한다. 꿈이 크면 당연히 노력의 크기도 커져야 한다.

평범한 노력으로는 절대로 비범한 결과를 이룰 수 없다.